Eva J. Strauss

Amu Djoleto
Obodai und seine Freunde

Kinder- und Jugendbücher
aus Afrika, Asien und Lateinamerika,
herausgegeben vom Kinderbuchfonds Baobab
der Erklärung von Bern
und terre des hommes schweiz

Amu Djoleto

Obodai und seine Freunde

Aus dem Englischen von Christine Holliger

Nagel & Kimche

© 1989 by Amu Djoleto
Der Titel der Originalausgabe lautet: Obodai Sai, Heinemann, Oxford
Berechtigte Übersetzung aus dem Englischen von Christine Holliger
Alle Rechte der deutschsprachigen Ausgabe vorbehalten

© 1994 Verlag Nagel & Kimche AG, Zürich/Frauenfeld
Alle Rechte der Verbreitung, auch durch Film, Funk und
Fernsehen, fotomechanische Wiedergabe, Tonträger jeder Art und
auszugsweisen Nachdruck, sind vorbehalten
Umschlag von Klaus Steffens
Lektorat: Kinderbuchfonds Baobab, Basel
ISBN 3-312-00500-0

1. Kapitel

Ich weiß noch gut, wie mich meine Mutter den ganzen Weg von zu Hause in den Kindergarten schleppte. Ich schrie und trat und kratzte. Manchmal mußte sie stehenbleiben, weil ich mich an Bäume und Straßenleuchten klammerte und überhaupt an alles, woran man sich festhalten kann.
«Du mußt!» schrie sie.
«Ich will aber nicht!» schrie ich zurück.
«Warum nicht?»
«Ich will nicht. Ich will nach Hause!»
«Wohin nach Hause?»
«Einfach nach Hause!»
«Du willst auf die Straße und in die Osu Clottey Lagune. Du willst von morgens bis abends halbnackt herumlaufen und Fische fangen. Fische, die so klein sind, daß sie niemand essen will, nicht einmal du, du ungezogener Bengel! Jetzt komm schon!»
«Die Fische werden größer.»
«Was meinst du?»
«Die Fische wachsen im Glas.»
«Unsinn. Die sind noch vor dem nächsten Morgen tot. Der liebe Gott hat sie nicht geschaffen, damit du sie in ein Marmeladenglas einsperrst und mit Brot und Maisbällchen fütterst. Da sterben sie in kürzester Zeit. Du mußt in die Schule, damit du lernst, wie man Fische hält, Obodai!»

«Nein, Mama, ich will nicht. Ich will nicht. Ich will einfach nicht. Nein!» Dann begann ich wieder zu heulen und zu schluchzen.

Ich bin in dem Haus geboren, wo meine Mutter und ich damals lebten. Das Grundstück soll dem Ur-Ur-Ur-Großvater meiner Mutter gehört haben. Es liegt im Süden von Osu Anorhor, in der Nähe des öffentlichen Bads und bei den vielen, vielen Kokospalmen, die hinter dem Schloß von Osu wachsen. Sein Gehöft muß einmal wunderschön gewesen sein. Es war aus Stein und Kalkmörtel gebaut und hatte vier Flügel um einen rechteckigen Hof herum. Der Südflügel war ungefähr sechzehn Meter lang, der Nordflügel ebenfalls, und der West- und Ostflügel waren beide etwa fünfundzwanzig Meter lang. Im Ostflügel waren die Küche, die Vorratskammer, die Zimmer der Bediensteten und Sklaven und die Toiletten. Vom Westflügel aus konnte man die breite Straße sehen, auf der Pferde und Fuhrwerke von Norden her kamen. Jetzt ist die Straße geteert, aber von der alten Straße sind noch Spuren übrig.
Im Westflügel war ein schweres, schwarzes Tor aus dicht ineinandergefügten Brettern eingelassen. Aus den Überresten kann man schließen, daß das Tor etwa vier Meter breit war. Hinter diesem Tor soll der Ur-Ur-Ur-Großvater meiner Mutter gewohnt haben. Er war ein reicher und mächtiger Kaufmann, der auf großem Fuß lebte. Man sagt, er sei ein gläubiger Christ gewesen; er hatte nur eine Frau, aber viele Kinder, die meisten zusammen mit schönen Sklavinnen und Dienstmädchen. Die Sklavinnen kaufte er oder bekam sie von Leuten, die ihm Geld schuldeten. Wenn sie nicht bezahlen konnten, mußten sie ihm ihre Töchter geben.

Ich versuchte immer, mir auszumalen, wie ein solch schönes Haus in dieser Gegend wohl ausgesehen haben mag. Das angenehme Leben, in dem es jeden Tag Fleisch und Fisch zu essen gab, konnte ich mir gut vorstellen. Jetzt sind nur noch die Steinhaufen von den Fundamenten übrig.
Im Laufe der Zeit haben die Vorfahren meiner Mutter ihre eigenen kleinen Häuschen auf den Ruinen gebaut. Sie stehen planlos, kreuz und quer herum, und drinnen ist bloß ein einziger Raum. Es gibt keine Abflußrohre; das schmutzige Wasser wird einfach ausgeschüttet. Viele Fliegen schwirren herum. Um sich zu waschen, geht man in eine der rostigen Badekabinen oder engen Zementzellen. Wenn jemand da drin in der Wanne steht, können ihn von außen alle vom Hals an aufwärts sehen.
Da, wo meine Mutter und ich lebten, schliefen gewöhnlich viele Kinder in einem Raum. Die Väter lebten wie mein eigener Vater nicht mit den Müttern zusammen. Manchmal mußten fünf, sechs Kinder mit der Mutter einen Raum teilen. Meine Mutter und ich hatten nicht viel Platz. Der Raum war kaum größer als zwölf Quadratmeter; zwei Betten, zwei Stühle, ein Sessel und ein Schrank füllten ihn fast aus.
Es war heiß, und Mäuse, Kakerlaken und Stechmücken trieben ihr Unwesen. So war es besser, auf der Veranda zu schlafen.
Die Jungen und Mädchen schmusten gern miteinander. Das war ganz und gar üblich. Aber um Mitternacht konnte man hören, wie die Mütter die Mädchen ausschimpften, weil sie ihre Hausaufgaben noch nicht gemacht hatten. Sie endeten immer mit denselben Worten: «Ihr werdet noch schwanger, bevor ihr gelernt habt, euch zu waschen!»

2. Kapitel

In der Grundschule war ich glücklich und zufrieden. Lesen und Rechnen machten mir Spaß, und die Lehrerin, Miss Schandorf, war freundlicher zu mir als meine Mutter. Als mich meine Mutter am ersten Tag in die Schule schleppte und ich mir die Seele aus dem Hals schrie, glaubte ich, die Lehrerin würde mit einem langen dünnen Stecken herauskommen und mir eine Tracht Prügel verpassen.
Aber Miss Schandorf lächelte, als sie aus dem Schulhaus trat. Sie faßte mich sanft am linken Arm, während meine Mutter meinen rechten Arm umklammert hielt, und begann, mir mit einem süß duftenden, sehr weißen Taschentuch die Tränen abzuwischen. Gleichzeitig sprach sie mit meiner Mutter. Dann griff sie in ihre Rocktasche und holte Papiertaschentücher hervor. Sie hielt die Tücher an meine Nase und bat mich, kräftig zu schnauben. Das hatte ich noch nie erlebt. Es gefiel mir so gut, daß ich sie beinahe gebeten hätte, mir nochmals das Gesicht abzuwischen und die Nase zu putzen. Doch dann fiel mir ein, was Torgbor gesagt hatte. Torgbor wohnte in der Nachbarschaft und war zwei Klassen über mir. Er meinte, Kinder dürften den Lehrern in der Schule nicht einfach erzählen, was ihnen einfiel. Die Lehrer hätten keine Zeit für Albereien. Sie wüßten, wie sie die Kinder zum Schweigen bringen

konnten, und die Kinder würden sich das nächste Mal daran erinnern.
Miss Schandorf gab mir eine ganze Tafel Schokolade. Sie war in ein hellgrünes Papier eingeschlagen, und auf dem Papier war ein goldener Kakaobaum abgebildet. Ich begann sofort, davon zu essen. Aber sie sagte: «Obodai, warum wartest du nicht bis zur Pause? Dann schmeckt sie dir noch besser. Du wirst sehen. Leg sie in diese Tüte und pack sie in deine Schultasche!» Ich lächelte ihr zu, als sie mir die Plastiktüte gab. Dann wickelte ich die Schokolade sorgfältig ein. Es war das erste Mal, daß mir jemand eine ganze Tafel Schokolade geschenkt hatte, eine Tafel nur für mich allein.

Ich war zwar ein Einzelkind und hatte genügend zu essen. Wo wir wohnten, gab es aber noch viele andere Kinder, die es nicht so gut hatten: Geschwister, Cousins, Cousinen, Tanten und Onkel. Es gab Tanten und Onkel, die gleich alt waren wie ich, weil ihre Eltern so lange Kinder bekommen hatten, wie es nur möglich war. Wer etwas zu essen hatte, wer Bonbons oder Kekse bekam, aß es gleich auf. Sonst wurde es von anderen aufgegessen. Wenn ich zum Beispiel gebackene Bananen geschenkt bekam, versteckte ich mich in Mutters Zimmer, um sie zu essen, oder ich verließ die Siedlung.
Am meisten genoß ich es, allen zu zeigen, daß ich etwas Gutes bekommen hatte. Dann rannte ich weg, um mich zu verstecken. In meinem Versteck schlang ich die Leckerei so schnell wie möglich hinunter. Die anderen Kinder suchten mich und riefen nach mir. Aber wenn sie mich gefunden hatten, war alles schon weg. Hier in der Schule nun hatte ich Schokolade bekommen, um die ich mich nicht schlagen mußte und die ich mit nie-

mandem zu teilen brauchte. Ich konnte es nicht fassen. Ich schwebte wie auf Wolken.
«Seht ihn euch an!» sagte meine Mutter. «Jetzt kann er wieder lachen, wo er von der Lehrerin Schokolade bekommen hat. Aber zur Schule will er nicht, und seine Mutter macht er lächerlich, indem er das ganze Dorf zusammenschreit. Dieser Bengel!»
«Schon gut, Mamie Adorkor. Obodai und ich sind Freunde. Eines Tages wird aus ihm ein Arzt oder ein Ingenieur oder ein Pilot. Er wird es schon schaffen, passen Sie auf!»
Ich nickte eifrig, guckte auf die Schokolade und dachte an die Pause.
«Nie im Leben, Miss Schandorf!» sagte meine Mutter ärgerlich. «Er ist ein Schulschwänzer, und sein Zuhause ist ein Trümmerhaufen.»

3. Kapitel

In der dritten Klasse war Miss Schandorf glücklicherweise wieder meine Lehrerin. Einmal schenkte sie mir geröstete Erdnüßchen in der Pause. Ich dankte ihr und rannte zu meinen Freunden hinaus, die sich Apfelsinen, Bananen, Ananasscheiben und gekochten Reis mit Bohnen kauften.
An diesem Tag hatte ich kein Geld fürs Essen bekommen. Ich hatte mit meiner Mutter Streit gehabt, bevor ich in die Schule gegangen war.
Meine Mutter hatte mir aufgetragen, Kohle zu kaufen. Sie wollte, daß ich Feuer mache und das Eintopfgericht wärme und esse, bevor ich zur Schule gehe. Aber ich wollte nicht Kohle kaufen gehen, weil ich schon meine Schuluniform trug und die Kohle Flecke machen würde. Miss Schandorf sah es nicht gern, wenn die Uniformen schmutzig waren, und ich wollte nicht, daß sie sich deswegen über mich ärgerte. Meine Uniform sollte makellos sein wie die unseres Klassenvorstehers Nii Armah. Er hatte drei Uniformen für eine Woche, ich hatte nur eine. Ich hatte meiner Mutter schon oft gesagt, daß ich nur Kohle kaufen würde, wenn ich noch nicht für die Schule umgezogen war. Aber es fiel ihr immer erst hinterher ein.

An diesem Morgen hatte ich beschlossen, keine Kohle zu kaufen und hungrig in die Schule zu gehen. Ich weiß nicht, ob Miss Schandorf bemerkte, daß ich Hunger hatte. Jedenfalls schenkte sie mir geröstete Erdnüßchen. Ich freute mich so darüber, daß ich sie ganz langsam aß und lange genüßlich kaute. Stück für Stück fischte ich aus meiner Hosentasche.

Torgbor hatte wohl gesehen, daß ich etwas aß. Er war damals in der fünften Klasse. Er rannte auf mich zu. Ich ahnte, was kommen würde. Er fragte: «Was ißt du?» Schon hatte er meine Hand gepackt und fing an, sie zusammenzudrücken.

Ich schrie auf und sagte: «Nichts.»

«Ha-ha-ha! Nichts? Nun sag schon!»

«Nichts, hab ich gesagt, Torgbor.»

«Nichts? Schwör es!»

«Ich schwöre!»

«Das reicht nicht!»

«Ich schwöre es bei deiner Schwester!»

«Die verprügelst du fast täglich. Ich glaube dir kein Wort. Soll ich mal in deinen Taschen nachsehen?»

Torgbor begann an meinen hinteren Hosentaschen herumzufummeln. Da war nichts drin. Ich wartete einen günstigen Augenblick ab, riß meine Hand los und rannte davon. Er rannte mir nach, und als wir bei der Weitsprunganlage waren, stellte er mir ein Bein. Ich fiel hin, und er setzte sich auf mich. «Und was ist das?» fragte er keuchend, als er in meinen offenen Mund blickte.

«Kieselsteine», sagte ich.

«Kieselsteine! Daß ich nicht lache, Obodai!»

«Es stimmt aber, Torgbor!»

«Niemand ißt Kieselsteine. Sperr den Mund auf!»

«Ich sage dir, es sind Kieselsteine. Winzige, vom Strand. Ich lutsche an zwei Kieselsteinen, einfach zum Spaß. Ich schwöre es bei meiner Mutter, Torgbor!»

«Bei deiner Mutter, Obodai? Du hast dich heute früh mit ihr gestritten, nicht wahr? Und jetzt schwörst du bei deiner Mutter? Ich werde gleich mal in deinen Taschen nachsehen!» Er drückte mich auf den Boden, klemmte mir die Wangen zusammen, so daß ich die Lippen öffnen mußte, und rief: «Oh, jetzt sehe ich, was es ist, Obodai! Erdnüßchen. Du hast genug davon gehabt, gibt mir den Rest. Alle! Du hast massenhaft davon in deiner Tasche. Mach schon, gib sie mir, oder es setzt was!»
«Fällt mir nicht ein», sagte ich, und die Prügelei begann. Er war älter und stärker als ich. Er drückte mir die Schultern in den Sand, während ich versuchte, ihn in den Rücken zu treten. Gleichzeitig kitzelte ich ihn unter den Armen, damit er lachen und mich loslassen mußte. Aber er setzte sich auf meinen Brustkorb, und da traf ich ihn mit dem rechten Fuß voll in den Rücken.
Das machte ihn wütend; er begann mich zu ohrfeigen. Ich spuckte ihm ins Gesicht. Wir kämpften, bis ich grün und blau geschlagen im Sand lag und mich nicht mehr rühren konnte. Er nahm mir die Erdnüßchen aus der Hosentasche und lief davon. Aber nach ein paar Metern blieb er stehen, drehte sich nach mir um, streckte die Zunge heraus, so weit es ging und bewegte sie hin und her: «Lu-lu-lu-lu!»
Das war zuviel. Ich sah mich verzweifelt um, fand einen Stein in der Nähe und warf ihn nach ihm. Er bückte sich grinsend. Der Stein traf ein Mädchen, das Adzoa hieß, an der Stirn. Das Blut begann ihr gleich über das Gesicht zu fließen. Torgbor rannte in sein Klassenzimmer.
Das Blut strömte und tropfte auf Adzoas Uniform. Vorne war sie schon voller Flecke. Noi, Barnor und Solo

Obli, die in derselben Klasse waren wie Adzoa und ich, riefen: «Obodai hat Adzoa auf den Kopf gehauen! Obodai hat Adzoa ein Loch in den Kopf geschlagen! Wir werden dich bei Miss Schandorf verpetzen!»
Ich war außer mir beim Gedanken. Miss Schandorf hatte mich immer gelobt, auch vor allen anderen. Was sollte ich bloß tun?

4. Kapitel

Ich war verzweifelt. Außer Noi, Barnor und Solo Obli waren nicht mehr viele Kinder auf dem Schulhof. Sonst hatte es wohl niemand gesehen. Die Glocke hatte eben geläutet, und die Kinder waren in ihren Klassenzimmern verschwunden. Was würde geschehen, wenn Adzoa mit einem Loch im Kopf und blutiger Schuluniform ins Klassenzimmer kam? Noi, Barnor und Solo Obli hatten schon begonnen, mich zu beschuldigen. Adzoa stand immer noch dort, wo ich sie mit dem Stein getroffen hatte. Aber sie weinte nicht. Wenn ich sie nur wegbringen könnte, ihr ein Pflaster auf die Stirn kleben und ihr eine frische Uniform anziehen könnte, dann wäre alles wieder in Ordnung.
Ich wußte nicht, was tun. Ich versuchte zu überlegen, aber dann überkam mich die Angst, und ich rannte über den Hof aus der Schule. Ich wollte die Abkürzung durch den Garten des presbyterianischen Pfarrers nehmen. Das war der kürzeste Weg vom Schulgebäude zum Markt von Osu, und auch der kürzeste Weg nach Hause. Aber wir durften das Gelände nicht betreten. Ich hatte gesehen, daß das hintere Gartentor offenstand, und war einfach drauflosgerannt. Da tauchte plötzlich der ruhige, freundliche Pfarrer Adzei auf. Ich erschrak. Ich wollte bremsen, umkehren und ebenso schnell zurücklaufen. Aber im nächsten Augenblick lag ich

flach auf dem Boden, weil ich über einen Stein gestolpert war.

«Du meine Güte!» hörte ich den Pfarrer sagen. Er hatte eine moderne Plastikgießkanne in der Hand, die ihm wahrscheinlich ein wohltätiger Verein gespendet hatte. Er war damit offensichtlich unterwegs zum Zwiebelbeet, das er hinter seiner Küche angelegt hatte. Ich lag da, alle viere von mir gestreckt, auf dem harten Boden. Ich weinte nicht, aber jetzt fürchtete ich mich wirklich.

«Du meine Güte», sagte der Pfarrer bestürzt. Er stellte die Kanne auf den Boden und kam zu mir herüber.

Ich wollte aufstehen, aber ich konnte nicht.

«Hast du dir wehgetan?» fragte er und half mir auf die Beine.

«Nein, ich glaube nicht, Herr Pfarrer», sagte ich, obschon ich das Gefühl hatte, daß ich verletzt war.

«Es ist verboten, hier durchzugehen, und erst recht so schnell zu laufen. Du hättest ein Kind aus dem Kindergarten über den Haufen rennen können. Ist dir klar, was dann passiert wäre?»

«Miss Schandorf hat mich geschickt, Herr Pfarrer», antwortete ich statt dessen.

«Und sie hat dir gesagt, daß du hier durchgehen sollst?» fragte er und blickte mir gerade in die Augen.

«Sie hat gesagt, ich solle schnell wie der Blitz vier Stück Kreide auf dem Markt besorgen für die nächste Stunde. Die Materialbestellung ist wieder einmal nicht eingetroffen. Jemand hat vergessen, Bücher, Hefte und Kreide zu liefern. Daher kauft sie die Kreide von ihrem eigenen Geld. Sie sagte, ich sei ein flinker Junge, ich solle auf der Straße aufpassen und ihr die Kreide so schnell wie möglich bringen.»

Ich konnte nicht abschätzen, ob mir Pfarrer Adzei glaubte oder nicht. Ich nehme an, es war halb-halb. Er sah mir prüfend ins Gesicht und sagte: «Ein geschickter Junge stolpert nicht über einen kleinen Stein, der im Weg liegt. Klopf dir den Staub von den Kleidern und geh die Kreide kaufen.» Er musterte mich, während ich mein Hemd in die Hosen stopfte. «Oh, ich sehe gerade, daß du dir die Hand und das Knie aufgeschürft hast», sagte er dann. «Komm schnell rein, mein Junge.»
Er führte mich zur Vorderseite des Hauses. Das war sein Teil des Hauses. Die Hinterseite gehörte dem anderen Pfarrer. Ich atmete auf. Zwar hatte ich verbotenerweise das Grundstück der beiden Pfarrer überquert. Aber von der Schule aus konnte man mich hier nicht sehen.
Er säuberte und verband die Wunden sorgfältig und mit leichter Hand. Zuerst tat es ein wenig weh, aber bald fühlte ich mich besser. Dann ging er, ohne etwas zu sagen, aus dem Zimmer. Ich wollte mich davonmachen, weil ich Angst hatte, er wolle sich in der Schule nach mir erkundigen. Während ich noch überlegte, wie ich am schnellsten hinauskäme, war er zurück. Er brachte mir vier kleine Pfannkuchen und vier Sahnebonbons in einer Plastiktüte. Mir fielen fast die Augen aus dem Kopf. Bevor er auf andere Gedanken kommen und die Tüte zurückfordern konnte, rannte ich aus dem Zimmer, sprang von der Veranda hinunter in den Garten, jagte über die Straße und war verschwunden.
Ich hörte nur noch schwach, wie der freundliche Pfarrer Adzei «Nicht doch!» sagte.

Ich ging gleich zum Strand und blieb dort bis zum Son-

nenuntergang. Ich wollte nicht nach Hause. Statt dessen ging ich zu meiner Tante Adoley. Sie saß auf einem niederen Schemel, vor sich auf dem Boden hatte sie Teller und Töpfe mit Essen und Küchengeräte. Die Kohle im Topf glühte rot, und ab und zu sprühten kleine Funken. Sie bereitete das Abendessen zu. Als sie mich sah, fragte sie: «Hast du etwas ausgefressen, Obodai?»
«Nein.»
«Aber du bist immer noch in deiner Schuluniform. Du bist nicht zu Hause gewesen. Komm mal her! Was ist los? Sag es mir.»
«Nichts, Tante Adoley.»
«Nichts? Irgend etwas muß los sein. Vielleicht ißt du zuerst mal ein Zuckerbrot. Du siehst aus, als ob du Hunger hättest.» Während sie ein Stück Brot abschnitt, fuhr sie fort: «Jetzt sag mal. Ist dein Vater bei euch gewesen und hat mit deiner Mutter gestritten? Nimm dir einen Stuhl und setz dich neben mich, mein Junge, aber paß auf das Feuer auf. Wenn ich deine Mutter wäre, hätte ich deinen Vater schon längst hinausgeworfen. Daß sie trinkt und murrt, hilft ihr nicht weiter. Was ist los?»
«Es ist die Schule.»
«Ist was passiert?
«Torgbor hat mich heute morgen verdroschen.»
«Was hat er getan?»
«Er hat mich geschlagen. Ich hab ihm nichts getan.»
«Dann hast du ihn geärgert, Obodai.»
«Nein, ich habe gar nichts gemacht.»
«Was war denn los?»
«Miss Schandorf gab mir geröstete Erdnüßchen...»
«Warum schenkt sie dir Erdnüsse? Hat ihr jemand gesagt, daß dich deine Eltern und Verwandten nicht

ernähren können? Hat sie das Gefühl, daß du aus ärmlichen Verhältnissen stammst?»
«Nein, nein, Tante Adoley, sie ist einfach so.»
«Hattest du gefrühstückt?»
«Nein.»
«Hast du ihr das gesagt?»
«Nein.»
«Und wie kommt Torgbor ins Spiel?»
«Er wollte die Nüsse haben.»
«Hat er dich bedroht?»
«Ja.»
«Dieser Taugenichts. Du hättest ihn an der Nase packen sollen.»
«Ich habe ihn unter den Armen gekitzelt, Tante.»
«Das bringt nichts. Du faßt seine Nase mit dem Daumen und dem Zeigfinger, drückst sie ordentlich zusammen und drehst ein wenig. Dann läßt er dich los, verstehst du? Versuch's das nächste Mal.»
«Das ist zu gefährlich, Tante. Wenn er mich abschüttelt, bin ich erledigt. Er ist sehr schnell. Er holt mich ein wie nichts, und außerdem hat er einen eisernen Griff. Ich möchte nicht noch mal von ihm verdroschen werden.»
Wir saßen eine Weile schweigend da. Tante Adoley kümmerte sich um das Essen, aber mit den Gedanken schien sie woanders zu sein.
«Weiß deine Mutter eigentlich, daß du hier bist?»
«Nein.»
«Du kannst bei mir essen, aber dann bringe ich dich zurück. Einverstanden?»
«Ich will hier bei dir schlafen, Tante.»
«Aber deine Mutter muß wissen, daß du hier bist. Sonst denkt sie, du hättest dich verlaufen oder so und macht sich Sorgen. Ein guter Junge fragt seine Eltern zuerst,

bevor er bei jemand anderem übernachtet. Aber wer kommt denn da? Das ist ja Ataa Otu mit seiner Tochter Adzoa. Sonderbar. Was können die beiden um diese Tageszeit noch von mir wollen?»

5. Kapitel

«Was führt dich zu mir, Ataa Otu?» fragte Tante Adoley. «Wie geht's dir denn, Adzoa? Hast du dir den Kopf angeschlagen? Bist du hingefallen, Kleines? Obodai, da kommt ja auch deine Mutter. Immer nervös, immer gehetzt. Nie ruhig und zufrieden. Was ist denn los, Adorkor? Ganz Anorhor besucht mich heute abend. Adorkor, Obodai will heute bei mir schlafen. Hast du etwas dagegen?»
«Obodai ist ein Taugenichts, er ist ausgerissen und hat die Schule geschwänzt», sagte meine Mutter.
«Ausgerissen, Adorkor?» fragte Tante Adoley.
«Er hat einen Stein nach meiner Tochter geworfen und ist von der Schule davongelaufen», sagte Adzoas Vater.
«Warum setzt ihr euch nicht alle zusammen, und wir reden in Ruhe darüber? Adorkor, laß mich mal machen. Obodai, bring die beiden Rattanstühle dort drüben auf die Veranda hinaus. Setzt euch doch. Also, Adzoa, was ist passiert? Hat Obodai in voller Absicht einen Stein nach dir geworfen?» fragte Tante Adoley.
«Der Stein hätte Torgbor treffen sollen, aber er traf mich.»
«Hörst du, Ataa Otu?» sagte Tante Adoley.
«Ja, natürlich höre ich, was sie sagt. Adzoa, hat er sich bei dir entschuldigt?»
«Nein, er ist davongelaufen», antwortete Adzoa.

«Adorkor, du mußt deine Kinder ordentlich erziehen», sagte Ataa Otu und sah meine Mutter an.
«Ich hatte Angst, Ataa Otu. Deshalb bin ich fortgerannt. Es tut mir leid», sagte ich.
«Obodai», sagte meine Mutter, «du hast zwar nicht absichtlich einen Stein nach Adzoa geworfen, aber warum hast du überhaupt einen Stein geworfen? Lernt ihr nichts anderes in der Schule?»
«Er hat mich verdroschen. Ich konnte mich nicht...»
Meine Mutter begann mich zu ohrfeigen. Gleichzeitig schimpfte sie:
«Wenn in der Schule etwas schiefgeht, kommst du zuerst nach Hause und erzählst es mir, damit ich mich bei den Leuten für dich entschuldigen kann. Hast du verstanden? Jetzt erzählen deine Klassenkameraden Geschichten über uns.»

Da tauchte plötzlich mein Vater auf.
«Warum schlägst du den Jungen?» schrie er meine Mutter an.
«Weil er mein Sohn ist und weil ich nicht will, daß er zu trinken anfängt wie du.»
«Wer ist es denn, der hier trinkt?»
«Du! Du kannst nicht mal gerade auf den Beinen stehen. Du solltest dich was schämen. Du kannst Obodais Schulgeld nicht bezahlen, du kannst ihm keine Schuluniform kaufen, und du nennst dich sein Vater?»
«Bist du vielleicht eine gute Mutter? Du beleidigst mich vor dem Kind, du machst mich vor den Verwandten und im Geschäft lächerlich! Ich habe Obodai nicht in die Schule geschickt. Er kann mit mir fischen gehen. Er kann gleich bei mir anfangen.»
«Nur Rabenväter reden so», schrie meine Mutter. Ich

sah, wie ihr Tränen hochstiegen, obwohl sie meinem Vater richtig die Meinung sagte.

Adzoa schien sehr überrascht. Sie stand etwas von uns entfernt und schaute still und auch ein wenig traurig zu. Ich ging zu ihr hinüber und sagte: «Adzoa, es tut mir leid. Ich habe es nicht so gemeint. Ich habe dir den Stein nicht absichtlich an den Kopf geworfen, ich wollte Torgbor treffen. Er quält mich immer. Es tut mir leid.» Sie nickte, und ich nahm an, daß sie mir verziehen hatte. Aber sie sagte nichts. Ihr Vater kam zu uns herüber, um mit ihr nach Hause zu gehen. Als sie an der Veranda vorbeigingen, rief ihm Tante Adoley scherzhaft zu: «Du könntest mich heiraten, Ataa Otu, und warum gibst du mir übrigens nicht besseren Fisch?» Ataa Otu sagte: «Ich heirate dich, wenn du aufhörst, den lieben langen Tag zu essen und immer dicker zu werden. Was sagst du dazu?» Dann hob er die Hand, als ob er etwas hinzufügen wollte, aber er besann sich anders. Als er und Adzoa die Siedlung verließen, hatte er ein verschmitztes Lächeln auf dem Gesicht.

6. Kapitel

Am nächsten Tag konnte ich mich nicht entscheiden, ob ich zur Schule gehen sollte oder nicht. Ich hatte es Tante Adoley zwar versprochen. Sie gab mir Essen für die Pause mit, das ich sorgfältig in meiner Schultasche verstaute. Am Abend zuvor hatte sie meiner Mutter zugeredet, mich hier schlafen zu lassen; ich hätte für diesen Tag genug erlebt. Meine Mutter war nach dem Streit mit meinem Vater ganz verstört gewesen. Sie hatte lange neben ihrer Schwester gesessen, ohne ein Wort zu sagen. Sie mochte auch nichts zu Abend essen. Tante Adoley war die einzige, die reden mochte. Schließlich machte sie mir mein Bett und ich ging schlafen. Wann meine Mutter nach Hause ging, weiß ich nicht.

Ich bummelte auf dem Schulweg. Als ich beim Markt von Osu angelangt war, überkam mich ein ungutes Gefühl. Ich fürchtete, Pfarrer Adzei zu begegnen. Ich wußte nicht einmal mehr, ob ich ihm dafür gedankt hatte, daß er mir das Knie verbunden und mir Pfannkuchen und Sahnebonbons geschenkt hatte. Es war das mindeste, sich zu bedanken. Meine Mutter legte den größten Wert darauf. Jetzt hatte ich sie enttäuscht. Ich konnte mich auch selbst nicht verstehen. Was würde der Pfarrer von mir denken?
Und Miss Schandorf würde ich nie wieder in die Augen

blicken können. «Was tust du jetzt, Obodai?» fragte ich mich.
In diesem Augenblick sah ich Noi, Barnor und Solo Obli. Barnor rief: «Da geht der Steinewerfer. Miss Schandorf wird ihm heute eine ordentliche Tracht Prügel verpassen!»
«Die Lehrer dürfen die Schüler nicht schlagen. Das steht im Gesetz», rief ich zurück.
«Das glaubst du wohl selbst nicht. Wer etwas ausgefressen hat, muß dafür büßen. Sie wird dich verdreschen. Pam, pam, pam!!»
«Ich habe nichts getan!»
«Hab ich etwa den Stein geworfen?» stichelte er.
«Mach, daß du fortkommst», sagte ich.
«Was soll ich?»
«Verschwinde, Barnor.»
«Du willst Streit. Aber ich heiße weder Torgbor noch Adzoa. Komm nur, Steinewerfer, es wird dir noch leid tun!»
«Deiner Mutter wird es leid tun», sagte ich böse.
Er kam näher, schnaubend vor Wut, und stieß seine rechte Schulter gegen meine linke Schulter. Da ich klein und dünn bin, warf mich der Stoß beinahe um. Noi und Solo Obli sahen schadenfroh zu. «Wir wollen Obodai heute eine Lektion erteilen. Der Liebling der Lehrerin glaubt, ihm könne nichts passieren», sagte Solo Obli hämisch.
Barnor wußte nicht, daß ich Taekwando gelernt hatte. Das war im Sportstadion von Accra gewesen während der Unabhängigkeitsfeiern. Taekwando ist eine spezielle Kampfsportart. Man hatte uns zwar gesagt, daß wir weder im Spiel noch im Streit Taekwando anwenden dürften, nur als Selbstverteidigung bei Lebensgefahr. Aber

Barnor war größer als ich, und Noi und Solo Obli unterstützten ihn.
Ich riß mich los und versetzte ihm einen Taekwando-Tritt in den Rücken. Er fiel flach zu Boden und rieb sich die Augen. Aber die beiden anderen lachten und klatschen, so daß er erst recht böse wurde und auf mich losstürzte. Ich trat ihn nochmals ins Kreuz. Er fiel auf die Straße und schlug sich den rechten Ellbogen am Rinnstein auf. Es sah aus, als würde er gleich weinen. Noi und Solo Obli gingen zu ihm, schauten auf ihn herunter und klatschten rhythmisch in die Hände, während sie sangen:

Zu Boden
zu Boden
Boden, Boden, Boden
stürzt Barnor, der Kämpfer
stürzt Barnor, der Stier
liegt flach auf dem Boden
flach, flach, flach
liegt flach auf dem Bauch
und reibt sich die Augen!
He, Barnor, der Kämpfer
he, Barnor, der Stier
Was ist mit dir?

«Nein, nein, nein! Ich reibe mir gar nicht die Augen!» rief Barnor. Er schnappte nach Luft und wischte sich schnell mit dem Handrücken über die nassen Augen und die Nase. Dann wandte er sich zu mir, lachte auf und sagte: «Obodai, ich werde Miss Schandorf erzählen, daß du mir einen Taekwando-Tritt versetzt hast. Das ist verboten. Ich wollte nur mit dir spielen, und du hast

mir absichtlich wehgetan. Noi und Solo Obli waren dabei, sie haben es gesehen. Ich bin gestürzt und habe mir den Ellbogen aufgeschlagen. Ich werde ihr den Ellbogen zeigen. Nach der Schule werde ich den Ellbogen auch Tante Adorkor zeigen. Da wird sie wieder einmal sehen, was für ein Tunichtgut ihr Sohn ist.»
«Du bist ein Lügner», sagte ich.
Er sagte: «Wart's ab! Los, gehen wir in die Schule. Versuch du Miss Schandorf zu erzählen, daß ich ein Lügner bin. Sag ihr, daß du mir keinen Tritt versetzt hast! Los, gehen wir!»
«Ja, geht nur und laßt mich in Ruhe», sagte ich.
«Du wirst rote Ohren bekommen! Heiße, brennende Ohren! Lieber Obodai! Braver Obodai! Miss Schandorfs Liebling! Miss Schandorfs Musterknabe! Bis dann, Obodai. Noi und Solo Obli, wart ihr dabei, als mir Obodai einen Taekwando-Tritt versetzt hat?»
«Ja, sicher waren wir dabei», riefen beide im Chor.

7. Kapitel

Auf einem dreieckigen Gelände zwischen der alten, von Nim-Bäumen gesäumten Straße, die von Accra nach Labadi führt, und der neuen, stark befahrenen Verbindungsstraße zwischen Accra und Labadi befindet sich eine ziemlich große Tankstelle. Die Grundlinie dieses Dreiecks bildet die Awurakpakpa-Straße, die beidseitig mit Bäumen bepflanzt ist und von der St. Thomas-Straße im Norden nach dem Süden von Anorhor führt. Wo die Awurakpakpa-Straße und die gefährliche Accra-Straße sich kreuzen, regeln Ampeln den Verkehr.
Wenn man von Norden her die Awurakpakpa-Straße entlang geht, ist die erste Straße links nach der Tankstelle die Osu-Markt-Straße. Am Beginn dieser Straße sieht man zunächst weißgekalkte öffentliche Toiletten. Dahinter liegt eine Anlage, wo die Jugendfußballvereine samstags ihre gut besuchten Wettkämpfe austragen. Die Osu-Markt-Straße ist an beiden Seiten mit tiefen Abflußrinnen versehen. Weiter südlich, hinter dem kleinen Kanal, ist ein großer Platz, auf dem abends Lebensmittelmarkt ist. Hinter diesem Marktplatz liegt ein Gelände, wo Kinder Fußball spielen können. Dort hatte ich mich mit Barnor geprügelt.
Es paßte mir gar nicht, daß er Miss Schandorf von dem Taekwando-Tritt erzählen wollte, den ich ihm verbotenerweise versetzt hatte. Wegen meiner Mutter machte

ich mir weniger Sorgen. Ich konnte noch mal bei Tante Adoley schlafen. Wenn ich am nächsten Tag nach Hause kommen würde, war der grösste Ärger gewiß verraucht. Aber mit Miss Schandorf in der Schule war es etwas anderes. «Was soll ich bloß tun?» fragte ich mich immer wieder.
Am Ende beschloß ich, Miss Schandorf alles zu erzählen, falls sie mich fragen würde. Ich wollte ihr die Wahrheit sagen. Auch wenn sie mich bestrafen würde. Auch wenn ich vor allen anderen in Tränen ausbräche und Barnor, Solo Obli und Noi mich beschimpften. Dann hätte ich es wenigstens hinter mir.
Ich ließ einen ziemlichen Abstand zwischen mir und Barnor, Solo Obli und Noi. Ich wollte ihre Beschuldigungen und Beleidigungen nicht hören. Nicht einmal sehen wollte ich die drei. Daher ging ich langsam hinter ihnen her, bis sie am Westende des Markts um die Ecke bogen und aus meinem Blickfeld verschwanden.

Bi-r-r-rsch-s-sch - ein Fahrzeug näherte sich mir so schnell, daß ich dachte, es würde mich überfahren. Ich sprang über die Abflußrinne auf die Marktstraße. Es waren Nii Nortey und Teye mit ihrem Handwagen. Ich kannte die beiden schon seit ewigen Zeiten. Wir hatten zusammen Fußball gespielt und auf dem Strand hinter dem Schloß von Osu herumgetobt. Manchmal hatten wir auch kleine Fische gefangen oder im Kanal gebadet und auf die Kanus mit den großen Fischen gewartet.
Sie lachten laut und fröhlich, als sie sahen, daß ich über die Rinne sprang. Nii Nortey meinte: «Du bist leicht zu erschrecken, Obodai. Du mußt etwas für deine Nerven tun.»

Und Teye sagte: «Stimmt. Wenn der Vater trinkt, muß man Nerven haben.»
«Laß das, Teye. Mein Vater trinkt nicht.»
«Was du nicht sagst», antwortete er lächelnd. «Nach dem Streit mit deiner Mutter hat er bei meiner Mutter *Akpeteshie* gekauft. Er sagte, deine Mutter sei eine Hexe!»
«Tatsächlich?» fragte ich bedrückt.
«Aber sicher!» sagte Teye. «Er konnte kaum auf den Beinen stehen. Und meine Mutter war die dritte, der er Schnaps abgekauft hat. Ich frage mich nur, was er damit macht.»
«Er schüttet ihn in sich hinein», sagte Nii Nortey, «dann fließt er in den Magen, verbreitet sich in seinem Körper und fährt ihm in die Beine, so daß er nicht mehr geradeaus gehen kann, nur noch im Zickzack. So ...» Er bewegte den Lenker des Handwagens hin und her, und Teye begann zu lachen. Sogar ich mußte lächeln.
«Hör mal, Obodai», sagte Teye, «wir sind heute nur zu zweit. Anangs Ferse ist noch immer nicht geheilt. Sie ist sogar stärker angeschwollen, und die letzten drei Tage konnte er nicht gehen. Shamo hat uns gestern und vorgestern ausgeholfen und ...»
«Aber er hinkt ja», sagte ich zweifelnd.
«Genau», sagte Teye, «deshalb haben wir ihn heute nicht gefragt. Außerdem will Mr. Odoteye Anang ersetzen. Mr. Odoteye gehört der Wagen, und er will Geld sehen.»
«Nicht kranke Beine», fügte Nii Nortey lächelnd hinzu.
«Wie wär's denn mit dir, Obodai? Wir müssen zu dritt sein. Ich halte den Wagen, während du und Teye ihn beladet.»
«Ich muß aber in die Schule. Siehst du doch.»

«In die Schule?» fragte Nii Nortey. Er war dreizehn oder vierzehn Jahre alt, nicht sehr groß, aber kräftig, und er hatte sehr stämmige Beine. Das Gesicht war rund, die Augen über den hohen Wangenknochen klein und die Lippen voll. Eigentlich sah er recht gut aus. Seine Stimme war tief, und er lachte oft. Dabei sah man seine weißen Zähne, die er morgens lange schrubbte. Danach kaute er fast den ganzen Tag an einem Hölzchen. Es war Nii Nortey, der den Handwagen lenkte.
Der Wagen war aus Holzbrettern gefertigt und etwa einen Meter breit und anderthalb Meter lang. Er hatte vier Autoreifen als Räder. Der Lenker war eine Metallstange, die an der Achse angebracht und etwa anderthalb Meter lang war.
«Ja, in die Schule», sagte ich hartnäckig.
«Wieviel Geld hast du bei dir?» fragte Nii Nortey.
«Keines», sagte ich.
«Was ißt du dann in der Pause?»
Ich deutete auf meine Schultasche, die ich über die Schulter geschlungen trug.
«Laß mal sehen», sagte er, griff nach der Tasche, zog die Tüte heraus und öffnete sie. Er brach in lautes Gelächter aus. «Ha, ha, haah, ha-a-a-ah!! Wie kommt deine Mutter dazu, dir so etwas mitzugeben?»
«Das ist nicht von meiner Mutter. Das ist von Tante Adoley», sagte ich verlegen. Ich hatte gar nicht daran gedacht, aber jetzt ging mir auf, was er so komisch fand. Dann lachte er wieder «Ha, ha-a-a-ah, haa-aa-aah!! Teye, stell dir das vor!»
«Was denn?» fragte Teye.
«Zwei mickrige Pfannkuchen und zehn Erdnüßchen! Ha, haah, ha-a-a-ah! Gibt sie dir Pfannkuchen mit, wo doch im ganzen Land kaum Weizenmehl erhältlich ist?

Kein Mensch ißt heutzutage Pfannkuchen. Oh, hoh! Ha, a ha-a-ah, ha-a-a-ah!! Es ist einfach jammerschade. Guck mal!» Er schüttete den Inhalt der Tüte auf einmal in den Mund und schluckte alles ohne zu kauen hinunter. Ich war so verblüfft, daß ich nur zusehen und weder etwas sagen noch etwas tun konnte.
Dann verschluckte er sich. Er wollte husten oder reden, konnte aber nicht. Er krümmte sich zusammen und trat auf der Stelle, während er nach Atem rang. Das Weiße in seinen Augen färbte sich rot, und Tränen begannen ihm die Wangen herunter zu laufen. Ich bekam Angst. Teye wußte auch nicht, was er tun sollte. Er stand da und kratzte sich am Hinterkopf. Nii Nortey bewegte die Lippen und schluckte schwer, während er die rechte Hand auf die Brust hielt. Es kam nur ein heiseres Gekrächze: «Teye, schnell, kauf mir ein wenig Eiswasser!» Teye rannte davon, um Wasser zu kaufen.

Nii Nortey hatte gerade fertig getrunken, als jemand «Dieb! Dieb!» schrie und wir die Eiswasser-Verkäuferin auf uns zurennen sahen. Als die Eiswasser-Verkäuferin merkte, daß keiner von uns davonlief, blieb sie stehen. Sie setzte den Kühleimer und die Plastikbecher ab und fragte Nii Nortey, dem man ansah, daß er fast erstickt wäre, ob es ihm besser gehe.
«Viel besser, danke. Übrigens, was kostet ein Becher Wasser?» fragte er und räusperte sich, noch immer heiser.
«Drei Cedis.»
«Das stimmt nicht, er kostet nur zwei Cedis», sagte er, wieder völlig hergestellt und doppelt angriffslustig, weil er es mit einem Mädchen zu tun hatte. «Ich habe dich am letzten Sonntag zusammen mit deiner älteren

Schwester in der Kirche gesehen. Sie heißt Emily, stimmt's?»
«Woher weißt du das?»
«Christen lügen nicht. Außerdem müßtest du in der Schule sein, oder etwa nicht? Deine Schwester gefällt mir, sie ist hübsch.»
«Und ich? Bin ich etwa häßlich? Ich habe heute nachmittag schulfrei. Müßtest *du* nicht in der Schule sein?»
«Du schwindelst schon wieder! Ich habe dich in den letzten drei, nein, vier Wochen immer am Vormittag auf dem Markt gesehen. Also kannst du nicht auch am Nachmittag frei haben. Du gehst in die Kirche und lügst!»
«Wir haben keine Schulbücher, und den Lehrern ist es egal, ob wir da sind oder nicht. Warum sollte ich hingehen? Überhaupt, ihr verschwendet meine Zeit! Wo ist das Geld für das Wasser?»
«Obodai, trink einen Schluck Wasser. Willst du auch einen Schluck, Teye? Das macht zusammen sechs Cedis.»
«Also gut, sagen wir sieben Cedis. Einen Cedi fürs Schwatzen ohne zu arbeiten.»
«Nein, sechs. Da, nimm!» Nii Nortey gab ihr das Geld, und das Mädchen verabschiedete sich: «Wiedersehen, Nii Nortey. Wiedersehen, Teye. Siehst du, ich weiß sogar, wie ihr heißt. Wiedersehen, Schulschwänzer!»
Das hörte ich nicht gern, und ich begann mich auf den Weg zu machen.
«Wohin gehst du?» fragte Nii Nortey.
«In die Schule. Ich war auf dem Weg dorthin, als ich euch begegnete.»
«Aber jetzt bleibst du bei uns.»
«Bei wem?»
«Bei Teye und mir.»

«Wie komme ich dazu?»
«Du kannst den Handwagen ziehen. Er ist nicht schwer.»
«Warum sollte ich?»
«Du bist sowieso zu spät dran für die Schule. Hilf uns einen Tag. Du hast kein Essen und kein Geld. Deiner Mutter geht's schlecht nach dem Streit mit deinem Vater. Dein Vater ist wahrscheinlich schon wieder betrunken. Deine Tante Adoley ist nach Tema an den Hafen gegangen, um Fisch einzukaufen. Sie wird nicht vor dem späten Nachmittag zurück sein. Sag bloß, ich wüßte nicht Bescheid. Ich tu dir ja einen Gefallen!»
«Lügner!» rief das Mädchen mit dem Eiswasser und verschwand kichernd.
«Obodai, hör nicht auf sie. Geht sie etwa selbst zur Schule? Du bekommst fünfzig Cedis für den Tag und ein kostenloses Mittagessen. Leckere, warme Maisbällchen und ein frisch gebratenes, duftendes Schweinerippchen!»
«Toll! Obodai, das willst du dir doch nicht entgehen lassen!» sagte Teye.
Da kam Barnor angerannt. Der Schweiß rann ihm über die Stirn, und er sagte: «Obodai, Miss Schandorf schickt mich nach dir. Du sollst in die Schule kommen. Jetzt, sofort! Komm!»

8. Kapitel

«Ich komme nicht mit», sagte ich zu Barnor.
«Soll ich ihr das sagen?»
«Ich habe nicht gesagt, daß du ihr etwas ausrichten sollst.»
«Also, dann komm. Sie wird dich vor der ganzen Schule ausschimpfen. Taekwando, Tae-kwan-do! Ha, haah!»
«Verschwinde!» sagte Nii Nortey.
«Hast du was gesagt?»
«Hau ab!» rief Nii Nortey und drohte ihm mit der geballten Faust.
«Hast du was?»
«Ich sage, du sollst abhauen!»
«Was geht es dich an, wenn ich mit Obodai etwas zu besprechen habe? Ich kenne ihn viel länger als du!»
«Erzähl mir nichts! Du bist wohl kaum ein besserer Freund als ich. Geh zu der Lehrerin und sag ihr, daß du zu Obodai nach Hause gegangen bist und daß er mit Bauchschmerzen im Bett liegt.»
«Komm schon, Obodai», beharrte Barnor.
«Obodai, hör nicht auf das, was er sagt. Er ist selbst ein Schulschwänzer und ein feiger Schwätzer.»
«Was soll das! Ich habe versprochen, daß ich niemandem ...»
«Sei still!» Nii Nortey packte Barnor am Kragen und schlug ihn mit der Faust zweimal kräftig auf den Kopf.

Barnor schrie wie am Spieß und rannte so schnell davon, daß ich nicht einmal sah, in welcher Richtung er verschwand. Das war mir auch gleich.

«Teye, Obodai, los! Gehen wir, bevor er mit einem Lehrer und den großen Jungs zurückkommt.» Nii Nortey begann, den Wagen hastig gegen Westen, in Richtung Osu-Ashante-Straße, zu ziehen. Nortey und ich liefen hinterher und schoben mit aller Kraft.
«Schneller! Achtzig Stundenkilometer schaffen wir spielend!» rief Nii Nortey. Als der Wagen zu rollen begann, sprang er auf. Er setzte sich so hin, daß er mit dem rechten Fuß vom Boden abstoßen und noch stärker beschleunigen konnte. Den Lenker hielt er wie ein Jockey, der sein Pferd mit dem Zaumzeug antreibt. «Juhhuuuh», rief er. Als der Wagen in voller Fahrt war, zog er sein rechtes Bein zurück, und um der Sache die Krone aufzusetzen, streckte er beide Beine hoch in die Luft. Wir schoben von hinten wie verrückt und schrien dazu «juhuuuhh, juhuuuhh!».
Plötzlich begann Teye zu bremsen. «Obodai, Obodai», rief er mir zu, «halt, nicht so schnell, guck doch, guck!!» Ich sah es zu spät. Ich schloß die Augen und hörte, wie es schepperte.
«Ihr Lümmel, ihr Taugenichtse, ihr Kriminelle, dafür werdet ihr mir büßen! Eure Eltern werden mir büßen. Das wird euch was kosten! Seht nur, was ihr angestellt habt! Jedes bißchen Geld, das ihr heute verdient habt, und auch, was ihr noch verdienen werdet, könnt ihr gleich abliefern. Ihr habt es verbraucht, noch bevor ihr es verdient habt.»
Ein großer, dicker Mann stieg aus dem Taxi, warf einen kurzen Blick auf die eingebeulte Hintertür und kam

drohend auf uns zu. Nii Nortey war vom Handwagen heruntergesprungen. Er keuchte, schwankte aufgeregt auf seinen stämmigen Beinen und sah die Straße hinauf und hinunter. Im Bruchteil einer Sekunde und ohne Teye oder mir ein Wort zu sagen, rannte er davon. Er verschwand wie ein Wirbelwind in Richtung Tankstelle bei den Verkehrsampeln an der Straßenkreuzung.
Der Taxifahrer rannte hinter ihm her und ließ uns stehen, als ob wir ihm völlig gleichgültig wären. Ich hätte nie gedacht, daß sich ein massiger Mann so schnell bewegen könnte, noch daß der untersetzte Nii Nortey in Null Komma Nichts eine so große Strecke zurücklegen würde. In kürzester Zeit hatte der Fahrer ihn eingeholt. Er streckte die Hand aus, um nach Nii Norteys Hemd zu greifen, das im Wind flatterte. Nii Nortey spürte die Absicht des Fahrers. Er begann sein Hemd aufzuknöpfen. Dabei lief er etwas langsamer. Das verwirrte den Fahrer, und er lief ebenfalls etwas langsamer. Dann spurtete Nii Nortey unversehens davon in die St. Thomas-Straße. Als der Taxifahrer merkte, daß er nur das Hemd zu fassen bekam und daß ihm Nii Nortey entwischt war, schrie er laut «Dieb! Dieb! Haltet den Dieb! Hilfe!» Dann setzte er seine Jagd auf Nii Nortey fort, bog um die selbe Ecke und war verschwunden.

«Wenn ihr wegrennt, sag ich dem Taxifahrer in welche Richtung», drohte uns Barnor.
«Du bist gemein, Barnor», sagte Teye.
«Gemein?»
«Was geht dich das ganze an?»
«Natürlich geht es mich etwas an. Ich habe alles gesehen. Ihr seid in voller Geschwindigkeit auf die Kreuzung zugefahren, während Nii Nortey auf dem Hand-

wagen herumturnte. Außerdem seid ihr in der Mitte der Straße gefahren. Das Taxi hat versucht, euch auszuweichen, aber ihr habt die linke Hintertür gerammt. Ich bin euch nachgerannt. Ich wollte wissen, wohin Obodai geht. Seht nur: jetzt strömen die Leute zusammen! Eine Bewegung, und ich erzähle alles. Ich sag es auf jeden Fall dem Taxifahrer, wenn er zurückkommt. Ihr bleibt schön hier.»
«Barnor!» sagte Teye. Sein Mund stand weit offen, und er sah aus, als traue er seinen Ohren nicht. «Wie kannst du nur! Geh weg!»
«Warum sollte ich?»
«Verschwinde, Barnor! Hau ab!»
«Hau selbst ab!»
«Du Blödmann!» schrie ihn Teye an.
«So blöd wie du kann gar niemand sein, du Schwächling, du Analphabet!» Noch bevor ich etwas sagen konnte, stürzten sich Barnor und Teye aufeinander und verprügelten sich.

9. Kapitel

Ataa Boye, der alte Schreiner, der früher beim Bauamt gearbeitet hatte, kam vorbei. Er war mittelgroß, hatte eine ziemlich helle Haut und einen Kopf wie ein Hammer. Sein kugelrunder Bauch stand heraus wie der von Mr. Attoh, unserem Nachbarn, der den ganzen Tag im Schatten eines Sonnenschirms neben der Straße sitzt und Bier trinkt. Das linke Bein des Schreiners war nicht ganz gesund, daher trug er das Knie meistens eingebunden. Er zog das Bein beim Gehen ein wenig nach. Sein Haar war kurz geschnitten, borstig und stellenweise grau, und er hatte einen mächtigen Schnurrbart, der beim Reden zitterte.
Obwohl er Rentner war, hatte er nicht aufgehört zu arbeiten. Er fertigte gute, feste Küchenstühle und Tische an, stellte Siebe mit Drahtnetzen her, Hühnertröge, Körbe für Bierflaschen und anderes mehr. Er kümmerte sich auch um kleinere Reparaturarbeiten an Häusern in der Nachbarschaft und besserte Möbel aus. Seine Hobelbank war alt, aber solide und aus massivem, gut gelagertem Odumholz. Seine Werkstatt hatte er in einem Schuppen. Der Regen troff durchs Dach, aber er hatte weder Zeit noch Lust, den Schaden zu beheben. Er war wohl einfach daran gewöhnt, daß das Dach undicht war. Die Werkstatt war etwa fünfzig Meter von unserem Haus entfernt. Wenn kleine Kinder brüllten, weil sie

Hunger hatten oder hingefallen waren, deutete Schreiner Ataa Boye mit den Händen an, daß er ihnen mit der großen Säge den Kopf abschneiden würde. Gleichzeitig schnitt er alberne Grimassen, die wegen des zitternden Schnurrbartes aber auch ein wenig erschreckten.

Meine Mutter fand seine Arbeiten nicht nur gut, sondern auch preiswert. Wenn er stirbt, sagte sie, würde niemand von uns Taugenichtsen seine nützliche Tätigkeit fortführen können.

Einmal an einem Samstag sollten Torgbor und ich sechs Siebe und sechs Küchenschemel für Schreiner Ataa Boye auf dem Markt verkaufen. Wir sollten soviel wie möglich dafür verlangen. Er nannte Torgbor den Preis, den er verlangen sollte, wenn er zuerst gefragt würde, dann den Preis, den er sagen sollte, wenn er spürte, daß der Käufer interessiert war, und schließlich den, unter welchem er das Stück auf keinen Fall hergeben dürfe.

Wir verkauften die Sachen im Nu. Für jedes verkaufte Stück sollten wir beide fünf Cedis bekommen. Als wir am Mittag bereits alles verkauft hatten, meinte Torgbor, wir hätten soviel Geld verdient, daß wir uns davon noch 50 Cedis für das Mittagessen nehmen dürften. Wir kauften gekochten Reis, Bohnen mit Soße und weiche, gebratene Bananen. Das Essen spülten wir mit zwei Flaschen Cola hinunter, die fünfundfünfzig Cedis die Flasche kosteten. Als wir zurückkamen, um mit Schreiner Ataa Boye abzurechnen, sprachen er und Torgbor lange miteinander. Das heißt, Schreiner Ataa Boye redete und schimpfte, während Torgbor schweigend dastand, auf den Boden sah oder zu mir herüberschielte.

«Ihr seid unmöglich», zeterte Schreiner Ataa Boye, «die heutige Jugend hat einfach keine Selbstbeherrschung

und keine Disziplin. Ich werde mit euren Eltern sprechen. Es wird euch noch leid tun. Ihr habt *mein* Geld für Cola ausgegeben, das nicht einmal ich mir leisten kann. Die Welt steht Kopf, und ihr macht sie noch schlimmer!»
Nach diesem Erlebnis gingen wir ihm aus dem Weg, damit ihm nicht plötzlich einfiel, mit unseren Eltern zu sprechen.

Jetzt, als er näherkam, trug er einen Hammer, eine Kneifzange, ein Brecheisen, zwei Sägen, eine kleine braune Tüte Nägel und zwei Odumbretter. Hinter seinen Ohren steckten zwei kurze rote und gelbe Bleistifte. Mir wurde ganz flau im Magen, aber jetzt konnte ich mich nicht mehr davonmachen, ohne daß er es merkte.
«Es ist nicht zu fassen», rief er, als er sah, wie sich Teye und Barnor verprügelten. «Ihr Männer und Frauen steht herum und seht zu, wie sich zwei dumme Jungen auf der Straße die Köpfe einschlagen, statt in die Schule zu gehen. In was für einer Zeit leben wir eigentlich? Kann niemand die beiden trennen?»
Aber die Umstehenden spornten die Kämpfenden an, riefen «Gib's ihm!» und «Los, auf ihn!» wenn einer den anderen getroffen hatte. Schreiner Ataa Boye blieb stehen und brüllte: «Wollt ihr beiden wohl aufhören? Hört ihr, auseinander!»
Jemand rief: «Laß sie doch!» Die Bretter, die Schreiner Ataa Boye unter dem Arm trug, begannen zu rutschen, und als er sie festhalten wollte, entglitten ihm die Werkzeuge. Er brummte und knurrte zwischen den Zähnen: «So geht es einem, der alt ist und zwischen Menschen leben muß, die keinen Respekt mehr haben, keinen Anstand, keine Arbeit, und die nur nach sich selbst schau-

en. Sie stehen verdammt noch mal da und sehen zu, wie zwei Kinder aufeinander losgehen.»

Einer der Umstehenden hatte ihn gehört und sagte: «Was hast du denn, Schreiner? Laß die Kinder den Streit doch austragen. Wer verliert, wird den anderen in Ruhe lassen und nie mehr Streit anfangen!» Kaum zu Ende gesprochen, schrie er: «Zeig's ihm!» und Teye landete einen wuchtigen Schlag auf Barnors Nase. Das Blut begann zu strömen.

10. Kapitel

«He, Obodai, hast du Barnor hierhergelockt, damit ihm dieser ungehobelte Bengel eine blutige Nase verpaßt?» fragte Schreiner Ataa Boye. «Deine Eltern haben wohl nichts anderes zu tun, als Kinder in die Welt zu setzen und sie dann sich selbst zu überlassen!» sagte er zu Teye. Er zog einen Schlüsselbund aus der Hosentasche, bog Barnors Kopf nach hinten und legte ihm einen Schlüssel auf die Nasenwurzel. Dann führte er Barnor zu einem großen Nim-Baum in der Nähe und sagte, er solle sich im Schatten auf den Rücken legen.
Als die Zuschauer sahen, daß Blut geflossen war, verließen sie einer um den anderen den Platz. Nach dem Lärm und dem Geschrei war es plötzlich sehr still.

Da bemerkte ich Pfarrer Adzei. Sein Haus befand sich ganz in der Nähe der Tankstelle. Er kam auf uns zu.
«Nein, Schreiner Ataa Boye, ich habe Barnor nicht hierhergebracht», beteuerte ich.
«Auf jeden Fall bist du hier», sagte er, und ich überlegte gerade, was ich antworten sollte, als Teye mürrisch bemerkte: «Meine Eltern haben nichts damit zu tun.»
«Weißt du», sagte Schreiner Ataa Boye, «wer nicht denken kann, der streitet; wer jemanden bis aufs Blut reizt, der hat zu Hause nicht einmal das Wesentlichste gelernt. Verstehst du?»

«Nein!» sagte Teye, und sein langes, schmales Gesicht wurde dunkel vor Zorn.
«Bring Barnor in die St. Thomas Klinik in der St.-Thomas-Straße. Du weißt, wo sie ist, nicht wahr?»
«Ja, schon.»
«Na, also. Dann geh.»
«Ich habe kein Geld.»
«Das kannst du dem Doktor erzählen, und dann überredest du ihn so, wie du die alten Leute auf der Straße überredest. Du hast etwas gutzumachen, mein Junge!»
«Ich habe nichts Unrechtes getan!»
«Nichts Unrechtes getan! Sag mal, wie heißt du eigentlich?»
«Warum willst du wissen, wie ich heiße?»
«Du bist mir ein sauberes Früchtchen», sagte Schreiner Ataa Boye verdutzt. Dann wandte er sich mir zu und fragte: «Wie heißt er, Obodai?»
«Teye.»
«Wo wohnt er?»
«In Osu Amantra.»
«Ach so. Teye, wer ist dein Vater?»
«Das geht dich nichts an.»
«Sag schon, Junge.»
«Ataa Narh, der Elektriker», sagte Teye finster.
«Der, der beim Elektrizitätswerk in Accra arbeitet und auf beiden Ohren schlecht hört?»
«Ja», sagte Teye und senkte den Kopf.
«Jetzt verstehe ich», sagte Schreiner Ataa Boye, «der Apfel fällt nicht weit vom Stamm. Eines Tages entdecken die Kinder, daß auch ihre Eltern Fehler haben. Dann müssen sie entscheiden, ob sie diese Fehler übernehmen wollen oder nicht. Dein Vater, zum Beispiel, tut nur so, als sei er taub, um alle Welt ungestraft beschimpfen und

beleidigen zu können. Ich hatte ihm Geld geborgt, und er wollte es nicht zurückbezahlen. Als ich darauf bestand, wollte er sich mein rechtes Bein vornehmen. Zum Glück hielten ihn meine Freunde zurück. Er wußte ganz genau, daß mein linkes Knie nicht in Ordnung ist und daß ich ohne mein rechtes Bein kaum stehen kann. Siehst du jetzt, was für ein Mensch dein Vater ist? Er glaubt, daß nur er etwas zu sagen hat. Was andere sagen, will er nicht wahrhaben, auch wenn er laut und deutlich hört, was sie sagen. Wenn er in Rage gerät, knöpft er sein Hemd auf, damit er sich besser prügeln kann. Und jetzt trittst du in seine Fußstapfen ...»

«Verzeihen Sie, aber so sollten Sie nicht mit Kindern reden», unterbrach Pfarrer Adzei den Schreiner freundlich. Er hatte wohl einen Teil des Gesprächs gehört und gemerkt, daß etwas nicht in Ordnung war. Vielleicht schaltete er sich auch ein, weil es um Schuljungen oder Kinder ging.
«Wie soll man denn mit Kindern reden? Soll ich etwa sagen, daß ihnen der liebe Gott aus der Patsche helfen wird, wenn sie es selbst nicht tun?»
«Aber nein. Wenn er unverschämt ist, sagen Sie ihm, was Sie als unverschämt empfinden, und lassen Sie den lieben Gott aus dem Spiel.»
«Sind Sie wirklich Pfarrer? Ich glaube nicht, daß wir uns schon mal begegnet sind. Wohnen Sie hier in der Gegend?»
«Ja, aber das hat nichts mit der Sache zu tun. Gutes Benehmen schadet niemandem, und es macht das Leben einfacher.»
«Hast du das gehört, Teye?» wandte sich Schreiner Ataa Boye an ihn. «Der Gottesmann sagt, daß du dich or-

dentlich benehmen sollst.» Zu Barnor sagte er: «Komm Barnor, wir gehen in die Klinik. Sicher ist sicher. Dein Vater und ich sprechen uns noch, Teye.» Barnor stand auf. Seine Nase blutete nicht mehr, und Schreiner Ataa Boye nahm ihn bei der Hand.
«Warum willst du meinen Vater sprechen?» protestierte Teye. «Ich habe dir nichts getan. Als dir Obodai das Geld für das Mittagessen nahm, hast du auch nicht mit seinem Vater gesprochen!»
«Obodais Vater ist ein Säufer. Er wüßte gar nicht, wie er Obodai bestrafen sollte. Außerdem geht dich das nichts an. Jedenfalls rede ich mit deinem Vater. Oder hast du etwa Angst? Komm schon, Barnor!»
«Dann geh nur und erzähl ihm alles!» rief Teye trotzig hinter ihnen her.
«Es reicht, mein Junge», sagte Pfarrer Adzei und klopfte Teye freundschaftlich auf den Rücken. Gleichzeitig sah er mich prüfend an.
«Lassen Sie, Herr Pfarrer, geben Sie sich keine Mühe. Der Junge ist bereits kriminell!» rief ihm Schreiner Ataa Boye zu.

«Wer ist hier kriminell? Ach, ist das nicht einer der Jungen, die mit ihrem Handwagen mein Taxi gerammt haben?» fragte der Taxifahrer Schreiner Ataa Boye, als er auf uns zukam. Er war zusammen mit einem Verkehrspolizisten zurückgekehrt und packte Nii Nortey am Kragen. Der Verkehrspolizist hieß Nee Lartey, wie ich später erfuhr.
«Ich habe lediglich gesehen, daß sich die beiden Jungen verprügelten», erklärte Schreiner Ataa Boye. «Einer von ihnen ist verletzt, und ich bringe ihn in die St. Thomas-Klinik. Aber man kann sich fragen, wer an dem Un-

glück schuld ist. Ihr Taxifahrer tut so, als ob euch die Straße gehören würde. Erst wenn ein Unglück passiert ist, beginnt ihr zu denken. Jetzt gehen wir aber, Barnor. Du meine Güte! Mein Werkzeug und meine Bretter – die habe ich ganz vergessen. Warte hier, bis ich alles eingesammelt habe.»

11. Kapitel

Wir waren an die Unfallstelle zurückgekehrt. Pfarrer Adzei betrachtete mich immer wieder nachdenklich. «Wo bin ich diesem Jungen begegnet?» schien er sich zu fragen. Vermutlich war er sich nicht sicher. Er drehte sich um und besah sich die Delle in der linken Hintertür des Taxis. Schreiner Ataa Boye war ebenfalls zu uns gestoßen. Er lief aufgeregt umher und suchte leise vor sich hinmurmelnd das Werkzeug und die Bretter zusammen.
Immer noch standen Neugierige herum. Sie prüften die Delle in der Autotür und versuchten, jeder auf seine Weise, das Ausmaß des Schadens abzuschätzen. Es war etwas ruhiger geworden. In der Zwischenzeit hatte der Taxifahrer, der Tiny Joe hieß, Nii Norteys Kragen losgelassen. Nii Nortey schien auch gar nicht mehr davonrennen zu wollen. Taxi-Joe keuchte noch, aber wahrscheinlich atmete er einfach geräuschvoller als andere Leute. Unter anderen Umständen hätte ich sein Prusten und Schnauben vielleicht komisch gefunden, aber jetzt machte es mir angst. Es war unheimlich laut.
Er sah sich die Delle ein weiteres Mal an, tastete sie mit der Handfläche und den Fingern ab. Dann schüttelte er betrübt den Kopf und sagte: «Ihr seid wirklich in Schwierigkeiten.»
«Es tut uns leid. Die Bremsen haben versagt», sagte Nii Nortey, «bitte entschuldigen Sie!»

«Entschuldigen? Ich höre wohl nicht recht! Ihr habt gar keine Bremsen an eurem Handwagen. Hier geht es ums Geld, ihr Lümmel! Ihr habt euch in haushohe Schulden gestürzt. Ihr werdet jemanden finden müssen, der den Wagen ausbeult und neu spritzt, ihr werdet Kitt, Farbe, Lack und alles besorgen müssen. Dann zählt mal die Kosten zusammen. Wieviel Geld habt ihr?» brüllte er.
Nii Nortey blieb stumm. Er zitterte von Kopf bis Fuß. Ich überlegte, wie ich mich am besten davonmachen könnte – schließlich hatte ich zwei gute Gründe: erstens glaubte ich nicht, daß ich den Handwagen übertrieben schnell geschoben hatte – es war überhaupt das erste Mal, daß ich einen Handwagen geschoben hatte – und zweitens wollte ich verschwinden, ehe Pfarrer Adzei einfiel, wo er mich gesehen hatte.

In dem Haus an der Ecke, wo der Unfall passiert war, wohnte eine stattliche Frau mit riesigen Händen. Sie sah gebildet und vornehm aus, war etwa 65 Jahre alt oder vielleicht auch älter. Als Taxi-Joe zu brüllen begann, bahnte sie sich langsam einen Weg durch die kleine Menge. Dann stellte sie sich vor den massigen Taxifahrer hin, sah ihm voll ins Gesicht und sagte: «Lassen Sie die Jungen in Ruhe!»
«Wie?» sagte Taxi-Joe überrascht, als er die gepflegte Stimme der Dame hörte. «Sie haben meinen Wagen beschädigt. Sehen Sie nur!»
«Ich habe es bereits festgestellt.»
«Sie müssen bezahlen.»
«Wofür bezahlen?»
«Für den Schaden.»
«Sind Sie ein Polizist, ein Beamter oder woher nehmen

Sie das Recht, den Leuten zu sagen, sie müßten für einen Schaden aufkommen?»
«Was haben Sie eigentlich mit dieser Sache zu tun?» fragte Taxi-Joe.
«Sie hat dir eine einfache Frage gestellt, nämlich, ob Taxifahrer Richter sind. Antworte ihr!» sagte Schreiner Ataa Boye. Es schien ihm Spaß zu machen, Taxi-Joe in die Enge zu treiben.
«Unsinn», sagte Taxi-Joe.
«Du bist anmaßend, das ist es», sagte Schreiner Ataa Boye. Dann fragte er laut: «Hat jemand mein Werkzeug gesehen, Nägel und Bretter?»
Darauf antwortete niemand.
Die Dame sagte: «Haben Sie Geduld, Schreiner Ataa Boye. Überlassen Sie ihn mir.» Sie fuhr fort: «Was haben Sie vor? Wenn Sie möchten, daß wir die Polizei einschalten, was Sie gleich hätten tun sollen, dann gehen wir eben zur Polizei. Ich bin gerne bereit, mit Ihnen zum Posten zu gehen und dafür zu sorgen, daß die Beamten mit Meßbändern, Notizbüchern, Kreide herkommen. Sie brauchen es nur zu sagen!»
«Sie sind ja so eifrig bemüht. Haben Sie nichts Besseres zu tun? Sie sehen ja, daß ich einen Polizisten bei mir habe. Er kann die Sache ja wohl beurteilen!»
«Selbstverständlich kann er das», sagte die Dame, «er kann sich ein Bild der Situation machen. Aber er darf keine Bußen austeilen oder Schadenersatz festsetzen, wie Sie das tun.»
«Habe ich etwa einen Betrag genannt?»
«Das werden Sie nicht wagen. Wir sind hier in Osu. Sie kennen die Verhältnisse.»
«Dann sollten sich die Kinder auch benehmen und mit ihren Handwagen nicht Autos rammen.»

«Wie bitte? Es liegt nicht an den Jungen, daß Ihr Auto eine Delle hat. Ich saß dort drüben im Hof auf dem Stuhl. Sie sehen ihn durch das Gartentor. Ich habe alles mitverfolgt. Sie haben nicht gebremst. Sie sind in der Mitte der Straße gefahren. Deshalb kam es zum Unfall. Wenn der Junge den Lenker des Wagens nicht so schnell herumgerissen hätte und wenn er nicht rechtzeitig über den Graben gesprungen wäre, hätten Sie ihn schwer verletzt!»
«Was heißt denn, ich sei in der Mitte der Straße gefahren?»
«Sie sollten wissen, wie man in einem Kreisverkehr fährt. Sie bremsen und überlassen den Autos, die von links kommen, den Vortritt. So lauten die Vorschriften!»
«Seit wann haben Sie einen Führerschein, seit wann sind Sie Verkehrspolizistin und Straßeninspektorin? Seit wann spielen Sie an Straßenecken Rechtsanwältin?»
«Mein Bruder ist Anwalt. Ich heiße Agnes Lokko. Sie können hier nicht einfach Unruhe stiften.»
«Auf jeden Fall müssen die Jungen für den Schaden aufkommen.»
«Sie müssen für gar nichts aufkommen. Das sind unsere Kinder. Sie kommen von Anorhor, Awusaiatso, Amantra, sie sind die Kinder von Osu. Wir sind eine große Familie. Verschwinden Sie. Sie hätten den Vortritt gewähren müssen. Die Kinder kamen mit ihrem Handwagen von links, als Sie ohne zu gucken in die Straße einbogen. Sie befinden sich im Unrecht.»
«Korporal Nee Lartey, finden Sie nicht, daß diese Dame eine gefährliche Schurkin ist? Ich sitze in der Tinte, wenn die Jungen den Schaden nicht bezahlen. Der Besitzer ist ein geiziger Kwawu. Sie kennen den Kwawu-Clan, nicht wahr?»

«Ein Aufschneider wie Sie sollte seinen eigenen Wagen fahren. Typisch Taxifahrer...», sagte die Dame und lachte leise.

«Madam Lokko, es geht ums Geld, nicht wahr? Diese Jungen sind Lümmel und Flegel. Was soll ich bloß tun? Habt ihr überhaupt eine Bewilligung für den Betrieb eines Handwagens in den Straßen von Accra?»

Schreiner Ataa Boye sagte: «Das kann der Verkehrspolizist fragen. Verschwinde, das ist alles. Denk an den Vortritt, wenn du das nächste Mal in den Kreisverkehr fährst. Wo sind übrigens meine Bretter und das Werkzeug?»

«Ich weiß, wo sie sind, Schreiner Ataa Boye», sagte Agnes Lokko.

12. Kapitel

«Laß uns gehen, Nee Lartey. Ich habe genug von Osu und diesen Leuten, die nichts Besseres zu tun haben, als Schweinebraten zu essen und andere übers Ohr zu hauen! Los, steig ein!» sagte Taxi-Joe zu seinem Freund, dem Verkehrspolizisten, nachdem er nochmals betrübt einen Blick auf die Delle geworfen hatte. Er öffnete die Wagentür, stieg laut seufzend ein und ließ den Motor an. «Komm schon, steig ein», wiederholte er. Als der Verkehrspolizist die Tür öffnete, rief jemand von der Tankstelle her: «Halt! Wartet! Wartet einen Augenblick!» Ein magerer junger Mann in Tankwartsuniform rannte auf uns zu und schwenkte einen schwarzen Gegenstand.
«Dünn wie ein Strich. Was der wohl will?» sagte Taxi-Joe zu Nee Lartey und rief aus dem Fenster: «He, bist du hinter allem Geld der Welt her?»
«Ich brauche nicht alles Geld der Welt an einem Tag!» rief der junge Mann atemlos, als er näherkam. Er hatte eine Brieftasche in der Hand. «Gehört das dir?» fragte er Taxi-Joe.
«Natürlich gehört sie mir! Wo hast du sie gefunden?»
«Nicht ich habe sie gefunden.»
«Wer denn?»
«Ein Schüler von der Presbyterianischen Schule in Osu fand sie hinter dem Graben auf unserem Grundstück und gab sie dem Geschäftsführer. Der Geschäftsführer

hat das Geld vor den Augen eines Mitarbeiters gezählt. Es sind dreizehntausendachthundertsechzig Cedis drin, nicht wahr? Der Geschäftsführer sagte, ich solle dich fragen.»
«Ja, das stimmt.»
«Ich habe dem Geschäftsführer erzählt, daß ich dem Jungen nachgerannt bin und dabei gesehen habe, wie du deine Brieftasche verloren hast.»
«Ach so», sagte Taxi-Joe kühl.
«Da hast du deine Brieftasche. Willst du das Geld nicht nachzählen?»
«Na, gut. Ich glaube zwar nicht, daß es nötig ist. Aber wenn du meinst ...» Taxi-Joe stellte den Motor ab und begann flink und sorgfältig das Geld zu zählen.
Während er zählte, näherte sich Agnes Lokko, langsam und würdevoll, um Schreiner Ataa Boye die Bretter und das Werkzeug zu bringen. Als die beiden sahen, wie Taxi-Joe mit ruhiger und zufriedener Miene Geld zählte, kamen sie dicht an das Auto heran. Schreiner Ataa Boye beugte seinen Kopf zum Fenster hinunter. Er stand so nahe, daß sein unregelmäßiger Atem Taxi-Joes linke Wange streifte. Nee Lartey und Madam Lokko schauten wortlos zu. Taxi-Joe war so mit dem Geldzählen beschäftigt, daß er Schreiner Ataa Boyes warmen Atem auf seiner Wange erst spürte, als er fertig war. «Was soll das!» brüllte er. «Verschwindet!»
«Du bist ja reich!» sagte Schreiner Ataa Boye beinahe freundlich.
«Ich habe dir gesagt, du sollst verschwinden, Schreiner! Tankwart, hat der Geschäftsführer dem Finder eine Belohnung versprochen?»
«Er hat ihm fünfzig Cedis angeboten, aber der Student lehnte höflich ab.»

«Tatsächlich?»
«Tja, er machte sich wohl nicht viel aus Geld.»
«So wie du?»
«Nicht ganz», sagte der Tankwart, der Böses ahnte.
Taxi-Joe öffnete das Handschuhfach, legte die Brieftasche hinein und klappte das Fach zu. Dann ließ er den Motor an. Der Tankwart war fassungslos. Er konnte es nicht glauben. Schreiner Ataa Boye richtete sich auf und trat mit einem tiefen Seufzer einen Schritt zurück. «Das ist nicht in Ordnung», sagte er.
«Was ist nicht in Ordnung?» fragte Taxi-Joe, während er den ersten Gang einlegte, um seine Fahrt zur Osu-Markt-Straße fortzusetzen. Er erwischte jedoch den Rückwärtsgang. Als er Gas gab, machte der Wagen einen Satz nach hinten, wo Pfarrer Adzei stand, der dabei war, die Zulassungsnummer aufzuschreiben. Der Pfarrer rettete sich mit einem Sprung zur Seite und rief: «Passen Sie doch auf, Taxifahrer!» Schreiner Ataa Boy warf die Arme hoch und fügte hinzu: «Er paßt auf gar nichts auf!»
«Ist ja nichts passiert», sagte Taxi-Joe und fuhr mit kreischenden Reifen davon, während der Tankwart ihm nachrief: «Zweihundert, einhundert, fünfzig… Ich habe mir für nichts und wieder nichts ein Bein ausgerissen!»
Bevor Taxi-Joe in seinem Auto auf dem kleineren Abendmarkt verschwand, der dem Hauptmarkt von Osu gegenüberliegt und wo die Markthändler bis spät in die Nacht geschäftstüchtig ihre Waren anbieten, winkte er dem unglücklichen Tankwart und uns anderen vergnügt zu.

13. Kapitel

Pfarrer Adzei blieb stehen und sah mich wieder prüfend an.
«Ich habe dich schon einmal gesehen», sagte er schließlich und trat einen Schritt auf mich zu. «Wo sind wir uns begegnet? In der Sonntagsschule?»
«Letzten Sonntag war ich nicht in der Sonntagsschule», schwindelte ich.
«Aber irgendwo bist du mir schon mal über den Weg gelaufen. In welche Schule gehst du?»
«In die Mota-Schule.»
«A oder B?»
«B.»
«Ja, jetzt weiß ich es», sagte er freundlich, während er mich sanft an der Schulter hielt. «Mota B Grundschule. Du siehst aus wie der Junge, der gestern durch meinen Garten gelaufen ist und sich wehgetan hat. Es war doch gestern, nicht wahr? Ja, gestern war's. Das bist du doch?»
«Das war mein Bruder, Herr Pfarrer.»
«Ach so, jetzt verstehe ich. Er hat dir davon erzählt?»
«Ja.»
«Ja, ja. Armer Junge. Er sieht dir sehr ähnlich. Du bist wohl ein Jahr oder zwei jünger als er, oder seid ihr Zwillinge?»
«Nein, Herr Pfarrer.»

«Und wie heißt du?»
«Obodai.»
«Obodai?»
«Obodai Sai.»
«Schön. Sehr schön. Und was machst du zu dieser Tageszeit hier in deiner Schuluniform?»
«Er hat mich verprügelt», fuhr Barnor dazwischen. «Er hat mir einen Taekwando-Tritt zwischen die Beine versetzt. Es hat schrecklich wehgetan. Deshalb habe ich ihn bei Miss Schandorf verpetzt», sagte Barnor.
«Ach so», sagte Pfarrer Adzei langsam und nachdenklich, als ob er an Wichtigeres dächte, und fragte dann Barnor: «Und was hast du hier zu suchen?»
«Streit», antwortete Teye mit einem breiten Lächeln.
«Aber du hast ihm die Nase blutig geschlagen!» sagte Schreiner Ataa Boye. «Komm, Barnor, wir gehen in die Klinik. Wiedersehen, Agnes. Los, gehen wir, Barnor!»
Die beiden machten sich auf den Weg, und Madam Lokko ging nach Hause.
«Also gut», seufzte Pfarrer Adzei, «dann spreche ich mit Miss Schandorf. Du kommst am besten gleich mit.»
«Zu zweit kommen wir mit dem Handwagen nicht zu Rande, und Mr. Odoteye wird böse auf uns sein, wenn wir nichts verdient haben. Es braucht mindestens drei Jungen für den Handwagen», sagte Nii Nortey zum Pfarrer.
«Gehört er zu euch?» fragte Pfarrer Adzei und deutete auf mich. «Ist er immer mit dabei?»
«Ja, doch!» sagte Nii Nortey, der Angst hatte, den neuen Mitarbeiter zu verlieren.
«Nein!» sagte ich entschlossen.
«Er ist nur heute dabei», war Nii Norteys verwirrende Antwort.

«Er hilft euch in seiner Schuluniform?» fragte Pfarrer Adzei, aber niemand ging darauf ein. Dann nahm er mich sanft an der Hand, und wir gingen in Richtung Schule.

Als mich Miss Schandorf sah, schien sie wirklich froh, daß ich wieder da war. Wir gingen ins Klassenzimmer, und der Pfarrer begrüßte die Schüler. «Guten Tag, Herr Pfarrer!» antworteten sie im Chor. Dann bat uns Miss Schandorf auf die Veranda hinaus, damit wir in Ruhe über die Angelegenheit reden konnten.
«Ich habe Obodai bei der großen Kreuzung getroffen. Es gab eine kleine Auseinandersetzung. Wir haben zu viele rücksichtslose Taxifahrer, und wir müssen versuchen, die Kinder von der Straße fernzuhalten. Besonders, wenn die Eltern glauben, daß sie in der Schule sind. Wir sehen uns heute abend beim Frauentreffen, Miss Schandorf. Auf Wiedersehen!»
Pfarrer Adzei machte sich auf den Weg. Ich atmete erleichtert auf. Aber dann wandte er sich um und kam noch mal zurück. «Übrigens, Miss Schandorf, damit ich's nicht vergesse, haben Sie gestern einen Ihrer Schüler geschickt, um Kreide zu kaufen? Er rannte durch meinen Garten, stolperte über einen Stein und verletzte sich an der Hand und am Knie. Ich hatte Angst, daß er eines der kleinen Kinder aus dem Kindergarten über den Haufen rennen würde.»
«Ich glaube nicht, daß ich einen Schüler nach Kreide geschickt habe. Nein, ich bin ganz sicher. Wir haben mehr als genug Kreide im Haus. Wir haben erst letzte Woche eine Lieferung bekommen. Im Gegenteil, wir brauchen Bücher und Hefte, damit wir ordentlich arbeiten können.»

«Na schön, Miss Schandorf. Das hat mir der Junge jedenfalls erzählt. Obodai sieht dem Jungen von gestern sehr ähnlich. Man könnte glauben, daß sie Zwillinge sind.»
«Ich glaube nicht, daß er einen Zwillingsbruder hat, der hier zur Schule geht. Hast du, Obodai?»
«Nein, Miss Schandorf.»
«Wie auch immer, es wäre besser für uns alle, wenn niemand in meinem Garten herumrennt. Und noch besser, wenn niemand mein Grundstück als Abkürzung benützen würde. Wiedersehen, Miss Schandorf.»
«Vielen Dank, daß Sie Obodai zurückgebracht haben, Mr. Adzei. Ich gehe dieser Sache noch auf den Grund. Manchmal fallen den Kindern die merkwürdigsten Dinge ein, und dann muß man entschlossen handeln. Ich kann es nicht ausstehen, wenn jemand lügt.»
«Na gut, Miss Schandorf, dann bis heute abend.» Pfarrer Adzei machte sich endgültig auf den Weg.

14. Kapitel

Miss Schandorf und ich blieben auf der Veranda stehen. Sie rief der Klasse zu, daß sie gleich weitermachen würde. «Obodai», sagte sie, «was ist eigentlich los? Ich habe erfahren, daß du Torgbor verprügelt hast, daß du Adzoa einen Stein an den Kopf geworfen hast, daß du Barnor getreten und mit ein paar Taugenichtsen vom Markt von Osu einen Handwagen geschoben hast. Ich habe sogar gehört, daß du heute nacht nicht zu Hause warst. Wenn dies alles wahr ist, glaubst du nicht, daß du den Bogen überspannst? Deine Schuluniform ist am Ärmeleinsatz zerrissen. Du wächst aus ihr heraus. Hast du keine andere?»
«Nein, Miss Schandorf.»
«Hast du dich mit Torgbor geschlagen? Er ist älter und größer. Was nützt dir das? Wäre es nicht klüger, sich vor den älteren in acht zu nehmen?»
«Ich habe keinen Streit mit ihm angefangen. Er wollte die Erdnüßchen, die ich von Ihnen bekommen habe, und ich wollte sie ihm nicht geben.»
«Du hättest ihm ein paar davon geben können!»
«Torgbor nimmt immer alles. Mit ein paar Erdnüßchen hätte er sich nicht begnügt.»
«Du hättest es trotzdem tun sollen, und wenn er alles genommen hätte, hättest du es mir sagen sollen. Denk nächstes Mal daran.»

«Ja, Miss Schandorf.»
«Warum hast du Adzoa einen Stein an den Kopf geworfen?»
«Ich habe auf Torgbor gezielt, aber Adzoa getroffen.»
«Und dann?»
«Dann bin ich davongelaufen. Ich habe die Abkürzung durch den Garten des Pfarrers benützt.»
«Und dann bist du hingefallen?»
Ich erschrak. Ich hatte mich verraten. Ich mochte Miss Schandorf so sehr, daß ich ohne zu überlegen redete. Ich zögerte. Ich wollte schwindeln, aber jetzt war es zu spät, und ich sagte, wie es gewesen war.
«Dann hast du Pfarrer Adzei heute morgen angelogen?»
«Ja.»
«Schämst du dich nicht?»
«Es tut mir leid, Miss Schandorf.»
«Warum hast du Barnor getreten?»
«Er hat mich gereizt. Er glaubt, daß er sich alles erlauben kann, nur weil er größer und stärker ist als ich, deshalb wollte ich es ihm zeigen.»
«Indem du ihn zwischen die Beine getreten hast? Weißt du nicht, was der Turnlehrer sagt? Mr. Ashitey sagt, daß man Taekwando nur zur Selbstverteidigung anwenden darf. Daß man nie jemanden zwischen die Beine treten darf. Es tut weh, und die Jungen können schlimme Verletzungen davontragen.»
«Ich weiß, aber…, aber…» Barnor hatte zwar gelogen, ich hatte ihn nicht zwischen die Beine getreten, aber ich konnte nur stottern.
«Aber was? Du hast auch nicht zu Hause geschlafen, oder?»
«Nein.»
«Wohnen deine Eltern zusammen?»

«Nein, Miss Schandorf.»
«Was macht dein Vater?»
«Er ist Fischer.»
«Und deine Mutter?»
«Sie ist Fischverkäuferin und Händlerin.»
«Womit handelt sie denn?»
«Mit Getränken und allem möglichen.»
«Streiten sich deine Eltern oft?»
«Nur manchmal», sagte ich, obwohl es nicht stimmte.
«Ist es dort, wo du wohnst, üblich, daß sich die Fischer mit ihren Frauen streiten?»
«Nein. Ich habe noch nie jemanden so streiten sehen, wie sich meine Mutter und mein Vater streiten.»
«Wenn sich deine Eltern streiten, werden sie laut?»
«Ja.»
«Prügeln sie sich?»
«Manchmal.»
«Und du bist traurig darüber?»
«Ja.»
«Du hast auch keine Bücher zu Hause, nicht wahr?»
«Zwei, aber die habe ich gelesen.»
«Kann deine Mutter lesen und schreiben?»
«Ja, aber sie schreibt nur selten, und sie liest kaum Bücher.»
«Warum nicht?»
«Sie sagt, daß sie keine Zeit hat. Früher, als ich in den Kindergarten ging, hat sie mir vorgelesen und Gutenachtgeschichten erzählt. Aber jetzt nicht mehr.»
«Und dein Vater?»
«Er liest nur, wenn er muß. Zum Beispiel einen Zwischenbericht von der Schule. Oder er sieht im Handbuch nach, wie man ein Boot mit Außenbordmotor repariert. Dann setzt er die Brille auf und liest.»

«Wie viele Kinder gibt es in eurer Familie?»
«Nur mich.»
«Wie viele Kinder hat dein Vater mit der anderen Frau?»
«Drei, aber sie sind nicht mehr verheiratet.»
«Warum nicht?»
«Mein Vater sagt, sie sei zu teuer und wolle nicht arbeiten.»
«Ach so. Sind deine Halbgeschwister Jungen oder Mädchen?»
«Jungen.»
«Arbeiten sie, oder gehen sie zur Schule?»
«Sie gehen mit meinem Vater fischen. Mein Papa hat einige Kanus und Leute, die für ihn arbeiten.»
«Dann gehen deine Brüder also nicht zur Schule.»
«Sie gingen nur bis zur sechsten Klasse.»
«Warum?»
«Mein Papa sagt, in die Schule gehen sei Zeitverschwendung.»
«Ich hoffe, daß dein Papa mal herkommt und mit uns redet. Die Schule braucht gemeinsame Anstrengungen, sie ist das, was Eltern, Lehrer und Schüler aus ihr machen. Im Rechnen bist du nicht schlecht, Obodai, und lesen kannst du gut. Du solltest viel lesen, Obodai.»
«Ja, Miss Schandorf.»
«Erinnere mich nach der Stunde an unser Gespräch. Ich will dir ein Buch mitgeben, daß du zu Hause lesen kannst. Wenn es zu Hause zu laut ist, geh nach Kubeashie oder an einen anderen Ort, wo es ruhig und friedlich ist und wo du ungestört lesen kannst. Die Geschichten in dem Buch werden dir gefallen. Wenn du sie gelesen hast, bringst du mir das Buch zurück, nicht wahr?»
«Ja, Miss Schandorf.»

«Es handelt von zwei Jägern, die einem Leoparden begegnen. Du kannst ja lesen, was dann geschieht. Jetzt gehen wir zurück ins Klassenzimmer.»
«Ja, Miss Schandorf.»

15. Kapitel

Die Schule machte mir immer mehr Spaß. Als ich in die fünfte Klasse kam, war Torgbor in die Mittelstufe vorgerückt. Mit ihm kam ich jetzt besser aus. Aber der Streit zwischen mir und Barnor und seinen Freunden wollte kein Ende nehmen. Wenn mich Barnor lesen sah, machte er sich gleich über mich lustig. Er spottete «Obodai lies, lies, lies, damit du Professor wirst!» Einmal hatte er nämlich gehört, wie ein Lehrer zu mir sagte: «Obodai, immer, wenn ich dich sehe, bist du in ein Buch vertieft. Willst du Professor werden?»
Auch der Streit in meiner Familie nahm mich mehr mit, als ich wahrhaben wollte, besonders, was das Verhältnis zwischen meinen Eltern anging. Sie waren selten friedlich. Ich hatte das Gefühl, abseits zu stehen.
Ayitey Katsa, der Klassenlehrer, war irgendwie anders als die anderen Lehrer. Wir Jungen – wir waren etwa zehn, elf Jahre alt – dachten an ihn, ob er da war oder nicht. Ich kann nicht einmal sagen, weshalb er einen so starken Eindruck auf uns machte. Ich versuchte, dem Geheimnis auf den Grund zu kommen, beobachtete ihn genau und dachte lange über ihn nach, ehe ich das Klassenzimmer betrat. Er tauchte unvermittelt in meinen Gedanken auf, ob ich nun wach war oder döste, und er verfolgte mich lange Zeit in meinen Träumen. Auch heute noch.

Ich glaube, es begann alles in der dritten Klasse, als ich Barnor den Taekwando-Tritt versetzte. In den Augen von Ayitey Katsa hatte ich etwas wirklich Schlimmes getan. Er hatte nicht viele Worte verloren, als er davon erfuhr, aber er bestand darauf, daß ich streng bestraft werden sollte. Für Ayitey Katsa war meine Tat noch verwerflicher als für Mr. Ashitey, den Turnlehrer. Mr. Katsa vertrat nämlich die Ansicht, daß der Körper eines Kindes aufs sorgfältigste behütet werden sollte, damit er im Erwachsenenalter die volle Leistung erbringen könnte.

Am Ende jenes Schultages, als mir Miss Schandorf das Buch gab, fand zwischen ihr und Mr. Katsa eine Auseinandersetzung statt. Er stürzte ins Klassenzimmer und sagte, er habe erfahren, daß mich Pfarrer Adzei zurückgebracht hätte. Jetzt wolle er wissen, wie ich bestraft worden sei. Ich weiß noch, wie er im Laufe der Diskussion sagte, daß Lehrerinnen für den Unterricht mit Jungen ungeeignet wären, daß nur Lehrer mit Jungen umgehen könnten.

Alle Welt wußte, daß Mr. Katsas Urgroßvater Niederländer gewesen war. Er hatte sich vor langer Zeit in Osu angesiedelt und war ein erfolgreicher Kaufmann gewesen. Er hatte eine Vorliebe für Mulattinnen und brachte mit verschiedenen Frauen viele, viele Kinder hervor. Seine Nachfahren hatten noch ein ganzes Jahrhundert später eine helle Hautfarbe. Daher war es auch nicht erstaunlich, daß Ayitey Katsa hellhäutig war.

Ayitey Katsa war untersetzt, wahrscheinlich nicht größer als 1,65 m. Er hatte Pausbacken, eine lange, spitzige Nase und dünne Lippen. Seine Ohren waren groß wie die Henkel von Bierkrügen. Er hatte einen riesigen Kopf und leicht ergrautes, weiches Haar, das sich lockte,

wenn es frisch gewaschen und eingeölt war. Dazwischen konnte man die rosarote Kopfhaut sehen.
Er trug sein Hemd immer über den Hosen, und tagsüber zog er Shorts einem Paar langen Hosen vor. Er war immer in einer dringenden Angelegenheit unterwegs, meist in einer persönlichen. Der Schweiß lief an ihm herunter, wenn er mit seiner altmodischen, abgewetzten Ledermappe davoneilte. Sie war nicht schwer, aber was darin war, war ihm sehr wichtig und wertvoll.
Als Ayitey Katsa seinen fünfzigsten Geburtstag feierte, gab er ein rauschendes Fest. Alle waren eingeladen, und jedes Kind bekam eine Flasche Cola, die es mit niemandem zu teilen brauchte. Hunderte von Kindern strömten zum Fest. Nach dem Essen wurde ein Festgottesdienst abgehalten, der bis in die frühen Morgenstunden dauerte.
Ayitey Katsa war nicht ehrgeizig. Es lag ihm fern, sich um einen höheren Posten in der Schule zu bemühen. Er fühlte sich wohl in seiner Haut. Darüber bestand kein Zweifel!
Ayitey Katsa kam entweder viel zu spät zur Schule, oder er war schon sehr früh da. Manchmal kam er überhaupt nicht. Dann schickte er jemanden, meist die Tochter eines seiner Kirchenmitglieder, um auszurichten, daß er unter starken Kopfschmerzen leide, die wohl den ganzen Tag nicht abklingen würden. Er nehme aber Medikamente und er hoffe, daß er bald wieder auf den Beinen sei. Barnor, Noi und Solo Obli gelang es immer, seinen Entschuldigungsbrief an die Rektorin abzufangen. Stolz lasen sie ihn in der Klasse vor, ehe die Rektorin eintrat und Ruhe forderte. Dann sorgte sie dafür, daß wir an dem freien Tag irgendeine Beschäftigung hatten. Wir lernten nicht das geringste.

16. Kapitel

Ayitey Katsa war der festen Überzeugung, daß bei den Mädchen und vor allem bei den Jungen aus Osu Anorhor Hopfen und Malz verloren war. «Ich kenne sie, und ich kann jedem jederzeit ein Beispiel erzählen, wie schlecht die Jungen aus Anorhor sind. Nichts kann sie retten!» sagte er eines Morgens anläßlich der Schulandacht. Ein Junge aus der vierten Klasse war eben ausgeschimpft worden, weil er von einer außergewöhnlich hohen Kokospalme eine Kokosnuß gestohlen hatte. Der Junge hätte sich von der Palme zu Tode stürzen können.

Einer der Gründe, weshalb wir Jungen aus Anorhor und überhaupt alle Einwohner von Anorhor mit Mr. Katsa Schwierigkeiten hatten, lag darin, daß Ayitey Katsa eine eigene Kirche besaß. Sie hieß die Apostolische Auferstehungskirche. Das Kirchgebäude war nicht größer als zwei Klassenzimmer zusammengenommen, und von außen sah es aus wie eine geräumige Schreinerwerkstatt. Jeden Tag wurden darin von morgens um acht bis Mitternacht und manchmal auch länger Gottesdienste abgehalten.
Die Kirche hatte eine eigene Musikband, bestehend aus Schlagzeug, Trompete und Posaune, Tenor- und Altsaxophon sowie Tamburinen. Die Musik, die in der Apostolischen Auferstehungskirche gespielt wurde, war vor-

wiegend weltlich, Reggae oder Funky Beat. Man konnte nicht einmal sagen, daß die Liedtexte religiös waren, weil man sie nie deutlich hören konnte. Wenn die Band spielte, klatschten die Leute rhythmisch in die Hände. Die Musik war jeweils der erste Teil des Gottesdienstes. Der zweite Teil bestand aus einer endlosen Predigt, die Pfarrer Ayitey Katsa selbst hielt. Er sprach über Lautsprecher, die seine Stimme verstärkten und sie aus der Kirche hinaus bis nach Süden und Norden von Anorhor trugen. Noch in Tenashie und South Labone, drei oder vier Meilen entfernt, war sie gut zu hören. Ich konnte ihm nie ganz folgen, wenn er predigte, ich verstand lediglich, was die Gemeinde in regelmäßigen Abständen wiederholte: «Halleluja-a-ah! A-a-men! A-a-men! Praise the Lord! Praise the Lord! Jesus! Jesus!! Je-e-e-ssus!!!» Im dritten Teil, dem Höhepunkt des Gottesdienstes, war die Gemeinde von Geist erfüllt und begann mit fremden Zungen zu reden – wovon, werde ich im Leben nicht erfahren.

Tagsüber dachten die Leute kaum an Pfarrer Ayitey Katsas Kirche. Niemand schien dem Schuppen mit dem Kreuz auf dem Dach Bedeutung beizumessen. Aber abends, wenn die Lampen und Scheinwerfer eingeschaltet waren und laute Musik durch die Lautsprecher dröhnte, erwachte der baufällige Schuppen zum Leben. Niemand in der Nachbarschaft fand Schlaf oder Ruhe. Wir Kinder unterbrachen unsere Beschäftigungen – Hausarbeit oder Schulaufgaben – und liefen in Scharen zur Kirche. Ältere Mädchen oder Jungs benutzten die Gelegenheit, um sich draußen herumzutreiben, was zu Zank und Streit daheim führte. Die Apostolische Auferstehungskirche verdroß die Anwohner und verlor zusehends an Beliebtheit.

Wir Schüler aus Anorhor, die zu Mr. Katsa in die fünfte Klasse gingen, hatten erfahren, daß mit weißer und farbiger Kreide Sprüche und Parolen auf die Wände der Apostolischen Auferstehungskirche geschrieben worden waren. Sie bezogen sich auf das enge Verhältnis von Mister Ayitey Katsa zu einigen jungen Frauen aus seiner Kirchgemeinde. Oder sie betrafen Mütter, die schwierige Schwangerschaften durchmachten und ihn um private Betstunden angingen. Besonderes Aufsehen erregten Kritzeleien, die auf junge Witwen anspielten, die Pfarrer Ayitey Katsa im Namen des Herrn tröstete. Wieder andere fragten, was mit den Geldspenden geschah, die Pfarrer Ayitey Katsa jeden Abend entgegennehmen durfte.

Ich bin ganz sicher, daß all diese Kritzeleien das Verhältnis unserer Klasse zu Mr. Katsa nicht beeinträchtigten. Was uns in Schwierigkeiten brachte, war der folgende Spruch, der eines Tages auf der Kirchenwand auftauchte: «Mister Ayitey Katsa liebt die Schülerin Adzoa.»

17. Kapitel

An diesem Montag morgen begann die Schule anders. Normalerweise schüttete Mr. Katsa als erstes das Spendengeld vom Vorabend auf sein Pult. Dann bat er Adzoa und mich, weil er unsere Eltern gut kannte, das Geld zu zählen. Wir brauchten dafür immer etwa anderthalb Stunden. Wir ordneten die Münzen der Größe nach, stapelten sie und sortierten die Scheine. Manchmal kamen zwanzig- bis dreißigtausend Cedis zusammen. Er ermahnte uns, langsam und sorgfältig zu zählen, damit uns ja kein Fehler unterlaufe. Wenn wir fertig waren, zählte er geduldig jeden Stapel und jedes Bündel nach und verstaute es vorsichtig in seiner Ledermappe. Dann legte er die Mappe in einen leeren Bücherschrank und schloß ihn ab. Am Ende des Tages schloß er lächelnd den Schrank auf, nahm die Mappe heraus und machte sich auf den Heimweg.

Montags, wenn er das Geld gezählt hatte, war er jeweils so müde, daß er gleich in einen langen Schlaf fiel. Aber er war geschickt. Er saß aufrecht in seinem Stuhl, stützte den Kopf in die Hände und die Ellbogen auf den Tisch. Wenn jemand draußen auf der Veranda vorbeiging und einen Blick ins Klassenzimmer warf, sah es aus, als sitze er in Gedanken versunken da und überlege, wie die Grundschulerziehung in diesem Land am besten zu be-

wältigen sei. Wenn die Rektorin eine Inspektion vornahm und ins Zimmer trat, erhoben wir uns aus unseren Bänken und riefen «Guten Morgen!». Das schreckte ihn auf. Er lächelte die Rektorin breit an und klagte: «Die Tatsache, daß wir keine Schulbücher haben, ist die Ursache unserer schweren schulischen und nationalen Probleme.»
Gewöhnlich schlief er jedoch etwa eine Stunde lang, nachdem wir das Geld gezählt hatten. Um halb elf Uhr wachte er auf. Dann streckte er sich seufzend und brüllte plötzlich: «Aufstehen! Arme hoch! Tief! Hoch! Tief!» und weiter: «Füße auseinander! Hände auf die Hüfte! Rumpfbeugen nach links! Strecken! Nach rechts! Strecken! Jetzt könnt ihr euch setzen. Das wird euch lehren, in der Klasse zu schlafen! Nehmt die Rechenhefte hervor», und damit begann der Schulalltag, der sich die Woche hindurch fortsetzte.

An diesem Montag morgen leerte er keinen Geldsack, noch gönnte er sich ein Nickerchen. Er sagte: «Alle Jungen aus Anorhor aufstehen!» Barnor, Noi, Solo Obli und ich erhoben uns, gespannt darauf, was folgen würde. «Wenn eure Eltern nicht zum Rechten sehen, werde ich es tun!» hob Ayitey Katsa an. «Wißt ihr eigentlich, was ein Gotteshaus ist, eine Kirche, eine heilige Stätte? Wenn ihr schmutzige Geschichten hört und sie auf die Kirchenwände schmiert, wird der gerechte Zorn des Herrn über unser Land kommen! Ihr Jungen und Mädchen tut unschuldig in der Schule und seid zu Hause die Handlanger des Teufels. Ihr stehlt und trinkt Akpeteshie, den eure Mütter ohne Bewilligung verkaufen. Adogla!»
Adogla fuhr zusammen und rief: «Herr Lehrer!»

«Steh auf! Steh auf! Du weißt, wer von deinen Klassenkameraden hinter dem Schulzaun Schnaps trinkt. Danach gehen sie nämlich zu deiner Mutter, um Banku mit Okra zu kaufen, nicht wahr?»
«Nein, Herr Lehrer!»
«Du lügst! Setz dich! Du bekommst selbst etwas davon, damit du nicht redest, gib's zu!»
«Nein, Herr Lehrer!»
«Du willst es nicht zugeben? Steh auf, du Lümmel! Hast du vorher schon Akpeteshie getrunken?»
«Nein, nein, Herr Lehrer!»
«Du lügst! Setz dich. Ich kenne jeden, der in dieser Siedlung Akpeteshie getrunken hat. Aber ich bin geduldig. Ich werde warten. Ich werde noch jeden von euch erwischen. Das jüngste Gericht ist näher, als ihr denkt. Aber ihr, die ihr schmutzige Sprüche auf die Wände eines Gotteshauses schreibt, ihr klammert euch an einen Strohhalm, ja, an einen Strohhalm. Wer dies geschrieben hat, verläßt die Schule, oder ich verlasse die Schule. Barnor! Ich habe dich und deinesgleichen spätabends bei der Kirche herumlungern sehen. Sag mir, Barnor, wer hat das getan?»
«Ich brauche keine Kreide zum Schreiben, Herr Lehrer. Ich habe von meiner Mutter einen Kugelschreiber bekommen. Hier ist er, Herr Lehrer!» Barnor fuchtelte mit dem Kugelschreiber in der Luft herum.
«Ja, und? Du hast mit Kreide schreiben gelernt, oder etwa nicht?»
«Das ist lange her, Herr Lehrer. Übrigens verkauft Obodais Mutter Kreide.»
«Und auch Bier und Akpeteshie, ohne Bewilligung?»
«Ja, Herr Lehrer!» sagte Barnor fest überzeugt.
«Gott im Himmel! Das wußte ich nicht. Alle hinsetzen!

Obodai, du bleibst stehen! Dein Vater verprügelt deine Mutter. Dein Vater trinkt. Deine Mutter trinkt. Und das, obwohl sie eine bessere Ausbildung hat als die meisten.»

«Wovon reden Sie, Herr Lehrer?» sagte ich verwirrt und verstört, weil Ayitey Katsa vor allen Schülern über meine Eltern herzog.

«Du weißt nicht, wovon ich rede? Ich habe dir gesagt, daß du die Bibel lesen sollst. Sie ist der Anfang und das Ende aller Weisheit. Aber du hast nicht auf meinen Rat gehört. Du hast das befolgt, was dir andere Lehrer und insbesondere Lehrerinnen ins Ohr geflüstert haben. Es ist nicht zu fassen! Willst du etwa einer dieser nutzlosen Wissenschaftler werden? Was haben diese Hochgebildeten denn für unser Land getan? Den ganzen Tag lesen heißt den ganzen Tag nichts tun, hast du verstanden? Aber ein solches Leben strebst du an, und mit schmutzigen Gedanken und Unfug baust du es auf. Das zerstört unser Land, sage ich dir. Jetzt, Obodai, will ich wissen, wer diesen Schmutz auf meine Kirchenwand geschrieben hat!»

«Ich verstehe nicht, was los ist, Herr Lehrer!» Ich war außer mir.

«Was los ist?» brüllte er. «Du hast nicht zu fragen, sondern zu antworten! Wer ist hier der Lehrer? Obodai, das ist eine schlichte Unverschämtheit. Das lasse ich mir nicht bieten! Geh raus und lauf zehn Mal um das Schulgelände herum. Und dann entfernst du jedes einzelne schmutzige Wort von der Kirchenwand. Raus! Raus, sage ich dir!»

Ich stand wie angewurzelt da. Mein Kopf war leer.

«Glaub bloß nicht, daß dich diesmal eine Lehrerin retten kommt, Obodai. Schlechte Eltern bringen schlechte

Kinder hervor. Dein Weg führt schnurgerade in die Hölle. Der Herr ist mein Schirm, mein Schutz und mein Schild. Niemand kann mich hindern und niemand kann mir etwas anhaben. Raus!»
Ich stand unbeweglich da. Ich war zutiefst verzweifelt und verwirrt. Innerlich weinte ich. Dann schrie er: «Raus aus der Klasse! Ich will dich nicht mehr sehen! Verschwinde!»
Da hörte ich eine Stimme, ich weiß nicht woher. Sie war leise, aber deutlich. «Obodai geh, es hat keinen Sinn», sagte sie.

18. Kapitel

Ich verließ langsam das Klassenzimmer. Mir schlotterten die Knie. Als ich beim Markt von Osu angelangt war, fiel mir plötzlich Schreiner Ataa Boye ein. Ihn wollte ich aufsuchen. Zum Glück war er da. In Shorts und mit bloßem Oberkörper hobelte er Bretter für eine Lattenkiste. Als er mich sah, fragte er beiläufig: «Was führt dich zu mir, Obodai? Warum bist du nicht in der Schule? Ich sehe nie jemanden von euch Hausaufgaben machen. Ich frage mich nur, wie ihr euch eure Zukunft vorstellt. Warum bist du hier?»
«Ich möchte Schreiner werden, Ataa Boye», sagte ich. Er sah mir direkt in die Augen.
«Was für eine Sorte Schreiner?»
«So wie du», sagte ich.
«Wie ich? Tja, davon wirst du weder reich noch arm. Im Alter sollte man sich keine Sorgen zu machen brauchen, Obodai. Die Regierungen wechseln, sie reden und versprechen; aber was dir ein gutes Alter sichert, mein Junge, ist deine Arbeit. So sehe ich es. Du mußt noch ein wenig zur Schule, Obodai. In welche Klasse gehst du?»
«In die fünfte.»
«Ts, ts, ts! Das reicht bei weitem nicht. Ich habe es bis zur siebten geschafft, und sieh nur, wo ich heute stehe. Nicht einmal Hochschulabgänger finden Arbeit. Als die

Universität von Legon noch jung war, warteten Autos und Häuser auf die Studienabgänger, und außerdem konnten sie zwischen mehreren Berufsmöglichkeiten wählen. Heute wiederholen sie ihre Prüfungen, damit sie Beamte werden können. Ich war selbst vierzig Jahre lang beim Bauamt. Was hat es mir gebracht? Was meinst du? Eine winzige Pension, von der man nicht leben kann. Brosamen für Spatzen. Ich mußte mit sechzig nochmals von vorne anfangen. Zum Glück bin ich gesund. Deshalb darfst du die Schule noch nicht aufgeben. Und du mußt praktisch denken, und auch deine Hände gebrauchen können. Nie vor der Arbeit zurückscheuen, mein Junge.»
«Ich lese gerne, und ich mag Schulen, die mich mögen. Ich habe nicht vor, die Schule aufzugeben, Schreiner Ataa Boye.»
«Warum bist du denn hier?»
«Weil ich gerne Schreiner werden möchte, und weil ich so bald wie möglich damit anfangen will. Ich möchte etwas mit den Händen machen. Ich bin froh, daß du das gesagt hast.»
«Mit deinen kleinen Händen?»
«Ich will's versuchen, Schreiner Ataa Boye.»
«Das ist immerhin ein Anfang.»
«Ja, Schreiner Ataa Boye.»
«Du bist aber nicht von der Schule davongelaufen?»
«Ich bin nicht gelaufen, ich bin gegangen.»
«Unsinn. Wer hat euch erlaubt, früher zu gehen?»
«Ich brauche etwas, um eine Wand zu säubern.»
«Wozu?»
«Ich muß die schmutzigen Sprüche von Ayitey Katsas Kirche entfernen.»
«Guter Gott», dachte Schreiner Ataa Boye, «wie kann

dieser Mann die ganze Nacht predigen und tagsüber unterrichten?» Zu Obodai sagte er bloß: «Dort drüben in der Blechbüchse, unter der Bank ist noch ein wenig Terpentin. Obendrauf liegt ein Pinsel. Du kannst beides haben, aber brauche das Terpentin nicht ganz auf. Säubere die Fläche zuerst mit Wasser und einem Lappen.
«Danke, Schreiner Ataa Boye. Ich wische es aus und komme dann wieder.»
«Nein. Zuerst entfernst du die Schrift, dann bringst du mir den Rest Terpentin und den Pinsel, und dann gehst du zurück in die Schule.»
«Kann ich wenigstens den halben Tag und am Samstag zu dir kommen?»
«Ich verstehe schon, daß du es ernst meinst, Obodai. Aber jeden Tag ist zuviel. Du darfst deine Bücher nicht vergessen, Obodai. Ich habe meine Lektion zu spät gelernt, und jetzt kann ich es nicht mehr aufholen. Du sollst deine Chance nutzen, Bücher lesen und nicht vergessen, deine Hände zu brauchen, ja, lesen und arbeiten. Wie ging übrigens die Geschichte mit dem Taxifahrer aus?»
«Ich habe ihn seither nicht mehr gesehen, Schreiner Ataa Boye.»
«Tja, dieser Mensch rafft alles Geld der Welt zusammen. Geh schon und entferne die Schmierereien, und vergiß nicht, mir das Terpentin und den Pinsel zurückzubringen.»
«Ja, Schreiner Ataa Boye, danke.»
«Ist schon gut.»

19. Kapitel

«Warum muß ich etwas entfernen, was ich nicht geschrieben habe?» dachte ich, als ich die Kritzelei wegrieb. «Und was hat die Kreide, die meine Mutter verkauft, mit der Kritzelei auf der Kirchenwand zu tun? Warum hat Barnor überhaupt meinen Namen genannt? Seit der ersten Klasse ist Barnor darauf aus, mich bei den Lehrern schlecht zu machen. Warum nur? Ist er einfach so? Lügt er, ohne es selbst zu wissen, oder will er mir absichtlich etwas zuleide tun? Wenn ich ihn verprügle, wird es nur schlimmer. Was soll ich bloß tun? Sollte ich vielleicht versuchen, mit ihm zu reden, ihm sagen, daß er mich bei Ayitey Katsa schlechtgemacht hat? Oder soll ich ihn bei seiner Mutter verpetzen?»

Ich hatte zu Hause einen Eimer und einen alten Lappen geholt. Dann hatte ich die Wand mit Wasser gesäubert, wie mir Schreiner Ataa Boye geraten hatte. Die Schrift verschwand im Nu, und es war so gut wie kein Terpentin nötig. Aber um sicher zu sein, trug ich auf die Stelle, wo das mit der Schülerin gestanden hatte, noch ein wenig Terpentin auf. Während ich damit beschäftigt war, stiegen langsam und schmerzhaft düstere Gedanken in mir auf.
Ich hatte fast kein Terpentin gebraucht, und ich wollte es zusammen mit dem Pinsel zu Schreiner Ataa Boye zurückbringen. Der Gedanke munterte mich etwas auf.

Als ich mich langsam aufrichtete und den Rücken streckte, vernahm ich dicht hinter mir eine klare, leise, sanfte Stimme: «Warum wischst du weg, was du gar nicht geschrieben hast? Der Preis für falsche Freundschaft ist endloser Streit.» Ich drehte mich um, aber ich sah niemanden. Ich erschrak.

Ich lief so schnell wie möglich nach Hause. Es war natürlich niemand da, mitten am Tag, kurz vor zwölf Uhr. Alle gingen einer Beschäftigung nach. Ich verstaute den Eimer und den Lappen, wo ich sie gefunden hatte, und eilte zu Schreiner Ataa Boye. Ich gab ihm die Blechbüchse und den Pinsel zurück und erzählte ihm, was ich gehört hatte.
«Sprach das Wesen durch die Nase?» fragte er.
«Wie meinst du?»
«Tja», sagte er, neigte den Kopf etwas nach links, wie wenn er angestrengt nachdenken würde, und stieß dabei kräftig Luft aus, «vielleicht war es der Geist deines Großvaters.»
«Wie kommst du darauf?» fragte ich erstaunt und ein wenig erschrocken.
«Geister mögen Übeltaten nicht.»
«Ich habe aber nichts Böses getan. Ich habe den Satz nicht hingeschrieben.»
«Ach, ihr Jungen und Mädchen schwindelt so oft, daß ihr die Wahrheit von der Lüge nicht mehr unterscheiden könnt. Ihr betrügt, ohne mit der Wimper zu zucken, und ihr betrügt auch euch selbst. Stimmt's oder habe ich recht?»
«Ich weiß nicht», sagte ich zögernd. Wie konnten alle Jungen und Mädchen in meinem Alter schwindeln, dachte ich.

«Was weißt du nicht? Ob die Stimme durch die Nase sprach? Geister sprechen immer durch die Nase. Du hättest darauf achten sollen.»
«Die Stimme war ganz deutlich. Da bin ich mir sicher.»
«Deutlich?»
«Ja, ganz deutlich.»
«Er wollte wohl nett zu dir sein. Ja, das wollte er sicher. Ich habe ihn als sehr netten Menschen gekannt. Er wollte dich vor falschen Freunden warnen, damit es dir im Leben gut geht.»
«Wer?»
«Dein Großvater. Der Vater deiner Mutter. Es war wohl niemand in der Nähe, als du die Stimme hörtest?»
«Nein. Und ich mag auch keine Geister, Schreiner Ataa Boye.» Ich spürte, wie es mir kalt den Rücken hinunterlief.
«In alten Zeiten hättest du dich einer Reinigung unterziehen müssen, damit deinem Körper nach der Begegnung mit einem Geist nichts zustößt. Heutzutage hält man sich an Bücher und vermeidet schlechte Gesellschaft. Das hilft genauso. Er wird dich ab und zu besuchen und in deinen Träumen auftauchen; dann versuche aufzuwachen, mach Licht und lies ein Buch. Er wird nicht bei dir bleiben. Wenn du es ein-, zwei-, dreimal getan hast, kommt er nicht mehr. Geister mögen kein Licht. So ist es. Ich werde für dich beten, Obodai, ich werde ein spezielles Gebet für dich sprechen. Und jetzt geh zurück in die Schule.»
«Wann kann ich bei dir anfangen?» fragte ich.
«Wann immer du willst. Aber vorher werde ich mit deiner Mutter sprechen. Vielleicht auch mit deinem Vater. Er ist zwar ein streitbarer Kerl, dein Vater. Na ja, einfach mit dem, der mir zuerst über den Weg läuft.»

«Mein Vater will, daß ich die Schule aufgebe und mit ihm fischen gehe. Er sagt, daß man den Kindern in der Schule heutzutage nichts beibringt und daß sie früh lernen müssen, sich ihren Lebensunterhalt zu verdienen. Er meint, daß man selbst herausfinden muß, wie man mit der Welt fertig wird.»
«Ich weiß, was er meint, Obodai, aber ich glaube, daß du noch zu jung bist, um fischen zu gehen. Ich werde dich anstellen. Es ist besser, wenn du jetzt schon lernst, deinen Kopf und deine Hände zu brauchen. Mach dir keine Sorgen. Ich werde mit deiner Mama sprechen. Geh zurück in die Schule.»
«Ich gehe ja schon, Schreiner Ataa Boye.»
«Ja, du gehst, aber wann?»
«Morgen.»
«Warum erst morgen? Also gut, aber morgen erzählst du mir, was vorgefallen ist. Einverstanden? Bis dann, Obodai.»
«Bis dann, Schreiner Ataa Boye.»

Ich ging nicht in die Schule zurück. Ich konnte mich nicht dazu überwinden, schließlich wollten sie mich dort nicht haben. Ich trug noch immer meine Schuluniform, als ich mich auf die Suche nach Nii Nortey und Teye machte. Ich wollte ihnen bis zum Einbruch der Dunkelheit mit dem Handwagen helfen. Dann hatte ich vermutlich etwas Geld, um Essen zu kaufen. Inzwischen hatte ich einen Riesenhunger. Von Anorhor Süd ging ich die Awurakpakpa-Straße hinauf und bog rechts ab in die Osu-Markt-Straße. Ich ging durch das erste Tor rechts und guckte, ob sie etwa im Schatten der Nim-Bäume saßen. Sie waren nicht da. Aber jemand anderes war da. Carlos Quist.

Carlos Quist sang mit seiner wunderschönen Stimme ein Kinderlied: «In der Bibel steht geschrieben, Jesus liebt mich …». Ich ging langsamer, um ihm zuzuhören. Er sprach die Worte deutlich aus, und irgendwie steckte mich seine Fröhlichkeit an. Als sich unsere Blicke trafen, änderte er die erste Zeile: «Im Koran da steht geschrieben, Allah liebt mich…» Er lachte über seinen Scherz und klatschte rhythmisch in die Hände, wie die Leute in Ayitey Katsas Kirche. Dann betete er wie ein Muslim. Er kniete nieder, berührte mit seinem Kopf den Boden, setzte sich wieder auf und bewegte flink die Finger, als ob er die Perlen einer Gebetsschnur zählte. Dazu formten seine Lippen lautlos Wörter. Schließlich sprang er auf die Beine und führte einen Break Dance vor. Er sah mich an, während er tanzte, und mit seinem Gesichtsausdruck schien er mich zu fragen: «Kannst du mich überbieten, Obodai?» Das konnte ich natürlich nicht. Seine Vorstellung war unheimlich lustig, aber auch ein bißchen traurig.

In Carlos' Gesellschaft fühlte ich mich wohl. Er war siebzehn Jahre alt und sehr schlank. Seine Jeans und seine Hemden waren nach der neusten Mode – wie ich sie auch gern gehabt hätte, mir aber nie würde leisten können. Er hatte ein rundes Gesicht, volle Lippen, Pausbacken und lockige Haare, die seine europäische Abstammung verrieten. Seine Augen waren groß und glänzend, und er hatte markante, buschige Augenbrauen. Die Hände und die Finger waren schmal – wie gemacht zum Klavierspielen. Was mir an Carlos am meisten Eindruck machte, war sein strahlendes, ansteckendes Lächeln.

Aber mit Carlos war etwas nicht in Ordnung, und das schon seit Jahren. Es war ihm nicht anzusehen. Er war ein Einzelkind und stammte aus guten Verhältnissen. Er war weder gewalttätig noch unordentlich, noch lief er nackt herum, und er redete auch kein wirres Zeug. Ich wußte nicht, was ihm fehlte. Aber ich wußte, daß er aus irgendeinem Grund von einer der besten Schulen in der Gegend geflogen war.

20. Kapitel

An diesem Tag trug Carlos Jeans nach dem neuesten Schnitt, weiße Turnschuhe mit dicken, weichen Sohlen und ein modisches rotes Hemd mit Stehkragen. Ich dachte, daß er wie immer, wenn er mich sah, eine Vorstellung geben würde. Statt dessen kam er rasch auf mich zu, nahm mich bei der Hand und sagte: «Obodai, ich habe Hunger. Hast du mir etwas Geld?»
«Ich brauche selbst Geld. Hast du Nii Nortey und Teye irgendwo gesehen?»
«Sie waren da. Aber Mamie Nyaaba hat ihnen eben einen Auftrag gegeben. Sie sagten, daß sie bald zurück wären und daß ich auf sie warten solle.»
«Dann hast du sie auch um Geld gebeten?»
«Ja, aber sie konnten mir nichts geben. Deshalb sollte ich auf sie warten. Hast du gar nichts bei dir?»
«Doch, aber nur zehn Cedis.»
«Gut, dann gib sie mir.»
«Was hast du bloß?»
«Ich habe Hunger. Für weniger Geld kann ich mir nichts kaufen, wovon ich satt werde.»
«Ja, das stimmt, Carlos. Hör mal: ich kaufe uns zwei Tüten geröstete Erdnüßchen zu fünf Cedis das Stück, eine für dich und eine für mich. Davon werden wir zwar nicht satt, aber es ist besser als gar nichts. Ich habe auch Hunger. Einverstanden?»

«Nein, gib mir das Geld!»

Ich wollte gerade in meine Tasche greifen, um Carlos das Geld zu geben, als Nii Nortey und Teye mit dem Handwagen auftauchten. Sie schienen sich zu freuen, mich zu sehen. Nii Nortey sagte: «Obodai, gib Carlos nichts. Er arbeitet nicht.»
«Doch, ich arbeite schon», sagte Carlos.
«Was tust du denn?» fragte ihn Nii Nortey lächelnd.
«Ich singe an Beerdigungen und bei Totenwachen.»
«Dort singen die Leute, bevor sie zur Arbeit gehen.»
«Aber alle lachen, wenn ich singe, und freuen sich über meine schöne Stimme. Soll ich dir etwas vorsingen?»
«Nein, noch nicht», sagte Nii Nortey, «zuerst das Geschäft. Obodai, kannst du uns helfen? Anang ist immer noch krank. Es dauert wahrscheinlich lange, bis er wiederkommt. Es ist jammerschade. Könntest du für heute einspringen? Du verdienst gutes Geld. Mamie Nyaaba hat uns gebeten, vier Säcke Mais zu je fünfzig Kilo in Kwasiadwoaso abzuholen. Es ist ziemlich weit, aber es lohnt sich. Wir bekommen dafür ebensoviel wie für einen halben Tag Arbeit.»
«Was springt für mich dabei heraus?» fragte ich.
«Fünfzig Cedis.»
«Nein, achtzig.»
«Einhundert!» schrie Carlos.
«Hör mal, Carlos», sagte ich, «nimm das Geld und kauf uns Erdnüsse. Vergiß nicht, mir meine Tüte zu bringen!»
«Froh zu sein bedarf es wenig, und wer froh ist, ist ein König...», sang Carlos laut und rannte davon.
«Er kommt nicht zurück, Obodai», sagte Nii Nortey und fügte hinzu: «Wie wär's mit fünfundsiebzig?»

«Na gut, einverstanden. Aber laß uns auf Carlos warten.»
«Gib dir keine Mühe. Wir essen etwas unterwegs. Es ist ziemlich weit. Zuerst geht's abwärts, aber auf dem Rückweg müssen wir zwischen der Technischen Hochschule und den Verkehrsampeln bei den Ministerien den Hügel hinauf.»

Wir machten uns auf den Weg. Die Strecke von der Ashante-Straße über die Kreuzung von Kinkanwe und Amantra bis zum Feld hinter dem Gelben Haus war ein Vergnügen. Dort bogen wir in die Amantra-Überlandstraße ein, wo Teye wohnte. Hier kannte er sich aus. Er wußte, wo die besten Maisbällchen, der frischeste Fisch und die schärfsten Pfefferschoten verkauft wurden. Ich hätte nie gedacht, daß Handwagenschieber so viel essen können. Wir achteten nicht darauf, was es kostete. Wir aßen, soviel wir konnten, und spülten das ganze mit einer Flasche Cola hinunter. Mein Bauch war zum Platzen voll, aber ich fühlte mich wohl und vergaß alles, was mich sonst bekümmerte.

Als wir unsere Cola getrunken hatten und den Laden verlassen wollten, rief die alte Frau, die uns die Getränke verkauft hatte: «He, Schuljunge, komm mal her zu mir, du schmächtiges Bürschchen!» Sie meinte mich. Als ich zu ihr hinüberging, sagte sie: «Ist Handwagenschieben neuerdings ein Schulfach?»
«Nein», sagte ich.
«Findest du nicht, daß du deine Eltern im Stich läßt?»
Ich gab keine Antwort.
«Haben sie sich nicht um dich gekümmert, als du klein

warst? Sind sie nicht gut zu dir gewesen? Lohnst du ihre Mühe auf diese Art und Weise?»
«Wer sagt denn, daß sie gut zu ihm gewesen sind?» fuhr Teye böse dazwischen.
«Du Lümmel», tobte die alte Frau plötzlich, «du unverschämter Bengel! Nimm dich in acht vor ihm, Schuljunge, oder es wird dir schlecht gehen!»
«Sie redet Blech, Obodai. Komm, wir gehen!» sagte Teye aufgebracht.
«Wie kannst du es verantworten, Schulkinder deinen Wagen schieben zu lassen? Aus nichts wird nichts, sieh nur dich selbst an!»
«Komm schon, Obodai!» wiederholte Teye.
Wir gingen.

21. Kapitel

Ich kann mich nicht erinnern, daß zwischen dem Platz vor dem Gelben Haus und Kwasiadwoaso irgend etwas Besonderes vorfiel. Außer, daß ich als neuer Handwagenjunge sehr zufrieden mit mir war. Als wir beim großen Stahltor des Erziehungsministeriums angelangt waren, glitt eine Limousine mit Chauffeur an uns vorbei, um links durchs Tor zu biegen und beim Ministerium vorzufahren. Drinnen saß eine Dame in einem wunderschönen ghanaischen Kleid. Sie war wohl eine wichtige Person. Sie betrachtete mich aufmerksam, wie ich in meiner Schuluniform hinter dem Handwagen stand. Sie ließ mich nicht aus den Augen und schüttelte schließlich den Kopf. Dann bewegte sie die Lippen, als ob sie etwas sagen wollte, doch der Wagen glitt durchs Tor und fuhr auf das Erziehungsministerium zu. Ich sah meine beiden Freunde an. Sie waren so beschäftigt, den Handwagen durch den dichten Verkehr zu schieben, daß sie nichts bemerkt hatten.
Inzwischen war der Verkehr fast zum Stillstand gekommen. Die Taxifahrer wichen keinen Millimeter, um andern Straßenbenützern Platz zu machen. Wir mußten den Wagen sehr vorsichtig um die Autos herumlenken. Nii Nortey bemühte sich, kein Fahrzeug zu schrammen; sein Gesicht war von vielen kleinen Schweißperlen bedeckt.

Wir hatten gerade eine Verkehrsnische entdeckt. Nii Nortey drehte den Kopf zur Seite um festzustellen, ob er ausscheren konnte. Da passierte es. Der Mann, der langsam vor uns herging, verlor den Boden unter den Füßen und saß plötzlich auf unserem Wagen. Er versuchte, vier schwere Pakete festzuhalten, die in braunes und weißes Papier eingeschlagen und mit Bindfaden verschnürt waren. Ich kannte ihn.

Mister Benson war groß und dunkelhäutig. Vermutlich wirkte er größer, weil er sich sehr gerade hielt und gemessenen Schrittes ging. Er trug einen dunklen Anzug und eine elegante, gut gebundene Krawatte. Er schleppte immer irgendwelche Pakete, und niemand wußte, ob sich Wertvolles oder Wertloses darin befand. In seinen Jackentaschen steckten Briefe und Zeitungen, und auch aus seiner Brusttasche ragte ein Stückchen Papier, vielleicht ein Notizzettel.
Mister Benson sah weder nach links noch nach rechts, wenn er durch die Straßen ging, und er sprach nie mit jemandem. Es hieß, daß er mehr als zwanzig Jahre lang in London gelebt hatte. Er hatte Rechtswissenschaft studiert, aber kein Examen gemacht. Aus gesundheitlichen Gründen war er nach Ghana zurückgekehrt, hatte aber seine britischen Gewohnheiten beibehalten. Er sprach wie ein Engländer, fast wie ein englischer Radiosprecher. Er wirkte sehr gebildet, und ich sah ihn auch oft auf dem Weg in die Bibliothek. Dort machte er sich gleich über die Nachschlagewerke her und notierte ausführlich, was er gelesen hatte – ich fragte mich nur, was er mit den Notizzetteln machte. Er unterhielt sich auch dort mit niemandem, außer mit der englischen Bibliothekarin. Wo er lebte und was er sonst tat, weiß ich

nicht. Aber das Bild von Mister Benson, der mit seinen schweren Paketen die Straßen entlanggeht, hatte sich mir fest ins Gedächtnis eingeprägt.

Mister Benson saß also plötzlich auf unserem Wagen. Er hatte zwei Pakete losgelassen, und sie waren auf den Boden gefallen. Es tat mir nicht nur leid, ich fürchtete mich auch. Was würde er wohl sagen? Wenn er jetzt auf den Gedanken kam, mir eines seiner schweren Pakete an den Kopf zu werfen? Ich würde meine Mutter und Tante Adoley nie wieder sehen. Doch noch bevor wir unsere Entschuldigungen stammeln konnten, stieg Mister Benson herunter und hob seine Pakete auf. Dann richtete er sich gerade auf und sagte, ohne uns anzublicken: «Ihr Jungen seid eine Plage in einem Land, das von politischem Betrug chronisch zerstört wird.» Dann entfernte er sich rasch, als ob nichts geschehen wäre.
Wir waren alle so verwirrt, daß wir wortlos dastanden. Teye gewann die Fassung als erster wieder und fragte: «Was hat der Mann gesagt?»
«Hast du nicht gehört?» entgegnete Nii Nortey spöttisch.
«Doch, aber ich habe ihn nicht verstanden.»
«Ein Grund, warum du die Schule nicht hättest aufgeben sollen. Obodai, du liest soviel, sag's ihm.»
«Er sagte: 'Ihr Jungen seid eine Plage in einem Land, das von politischem Betrug chronisch zerstört wird.'»
«Was heißt das?» fragte Teye.
«Es heißt, daß du nicht denken kannst», sagte Nii Nortey.
«Ich bin sicher, daß du es selbst nicht verstehst, Nii Nortey. Obodai, erklär's uns bitte.»
«Er meint verschiedene Dinge, glaube ich. Er meint,

daß wir mit dem Handwagen aufpassen und den Verkehr nicht behindern sollen. Daß wir auf die Fußgänger Rücksicht nehmen sollen.»
«Und was noch?» fragte Teye.
«Er meinte vermutlich die Regierung. Vielleicht denkt er, daß wir stärker zusammenarbeiten müssen, alle miteinander, damit es dem Land besser geht. Er glaubt, daß jeder einzelne mehr tun kann. Eine Regierung, die ohne Rücksicht auf das Volk regiert, kann nichts erreichen. Vielleicht meinte er das.» Ich konnte es nicht besser erklären.
«Du meine Güte! Du bist aber klug, Obodai! Übrigens wollte ich dir genau dasselbe sagen, Teye.»
«Das kannst du deiner Großmutter erzählen», sagte Teye lächelnd. Dann bogen wir in die Tankstelle vor dem Markt von Kwasiadwoaso ein.

22. Kapitel

Bei der großen Tankstelle ging es zu und her wie in einem Bienenkorb. Auch auf dem Markt, der dahinter lag. Ich sah erst jetzt, daß zwischen der Tankstelle und Kwasiadwoaso, dem Markt, eine Zementmauer errichtet worden war. Ein schmaler Eingang führte zum Marktplatz. Wer auf den Markt wollte, mußte sich zur Freude der Taschendiebe durch den Eingang hindurchquetschen. Wir schoben den Handwagen auf die Ostseite der Tankstelle. Merkwürdigerweise beschwerte sich niemand darüber, daß wir ihn so nahe bei der Tankstelle parkten. Das ließ sich gut an. «Obodai», sagte Nii Nortey, «Teye und ich holen den Mais. Der Händler ist zwar etwas weiter weg, aber hier können wir den Wagen am besten abstellen. Jetzt hör mal gut zu: Falls etwas passiert, verläßt du den Wagen nicht, ganz gleich, was geschieht. Denk daran: laß dich nicht einschüchtern und tu, als ob du nicht die geringste Angst hättest.» Dann verschwanden sie in der Menge.

Ich wartete eine Ewigkeit. Ich langweilte mich. Das gute Essen und die laue Nachmittagsluft machten mich schläfrig. Am liebsten hätte ich mich auf den Wagen gelegt und ein Nickerchen gemacht. Aber Nii Nortey hatte mir eingeschärft, daß ich auf der Hut sein müsse. Obwohl emsiges Treiben herrschte, schien mir der Ort,

wo ich war, sicher. Ich beschloß, einen Blick hinter die Mauer auf den Markt zu werfen.
Als ich mich durch den Eingang gezwängt hatte, fiel mir sogleich eine Frau auf. Sie ging langsam zwischen den Apfelsinenständen umher. Sie trug ein langes, elegantes Kleid aus fließendem, hellbraunem Stoff. Ihr Gesicht war schmal, die Nase lang und gerade. Der Mund war fein und aufreizend. Sie wirkte vornehm und gebildet.
Sie zieht nicht einfach die Aufmerksamkeit auf sich, dachte ich, sie ist auch sehr schön. Sie schritt langsam vom einen Apfelsinenstand zum nächsten, griff nach einer Frucht, und wenn der Händler nicht hinguckte, ließ sie sie beiläufig in ihrem weiten Gewand verschwinden. Das Kleid mußte auf der Innenseite gewaltige Taschen haben. Sie nahm mindestens zwanzig Apfelsinen, die sie dann einem Mädchen übergab, das mit einem großen Korb beim Eingang stand. Danach kam sie zurück und fuhr fort, sich zu bedienen. Alles in allem kam ich auf etwa einhundertsechzig Apfelsinen.
Als der Korb voll war, verließen die Dame und das Mädchen unauffällig den Markt. Niemand hatte die beiden bemerkt. Ich hatte ungläubig und voller Erstaunen zugesehen. Die Dame schien so ehrbar und vornehm. Ich kann es heute noch kaum glauben. Und doch war es so. Erschüttert ging ich zum Handwagen zurück.
In der Nähe des Eingangs sah ich, wie sich ein mittelalterlicher Mann mit einem buschigen Schnurrbart nach der schönen Frau mit den Apfelsinen umdrehte. Ich schöpfte tief Atem und sagte dann: «Verzeihen Sie, wissen Sie, wer diese Frau ist?»
«Ah, Mrs. Yeobah», sagte er ohne zu zögern, «sie arbeitet

bei der Stadtverwaltung. Einflußreicher Posten. Niemand kann ihr etwas anhaben. Häufige Entlassungen. Macht.»
«Warum?» fragte ich.
«Warum, fragst du warum? Stammst du nicht aus Ghana? Macht ja nichts, bleib dir treu, mein Junge!» Er eilte mit einem trockenen Lachen davon.

Als ich zum Handwagen zurückkam, saßen vier junge Männer darauf. Sie sahen übellaunig aus. Teye und Nii Nortey waren offenbar dagewesen und hatten bereits zwei Maissäcke abgeladen.
Einer der vier, ein großer dünner Kerl, winkte mich zu sich heran. Ich hatte den Verdacht, daß sie den Wagen schon die ganze Zeit über im Auge gehabt hatten. Als ich näher kam, fragte er: «Warum gehst du nicht zur Schule?»
«Ich gehe ja zur Schule.»
«Warum bist du dann hier?»
«Weil ich den Wagen schieben helfe. Der, der meinen Freunden sonst hilft, ist krank.»
«Wer hat dich gebeten zu helfen?»
«Ich habe mich selbst anerboten», antwortete ich. Ein kleiner, bulliger Bursche zwinkerte meinem Befrager wissend zu und sagte: «Was habe ich dir gesagt? Ich wußte gleich, daß er schlau ist. Wir sollten kein Risiko eingehen.»
«Wer sind die beiden anderen?» fragte der Dünne.
«Ich habe dir ja gesagt, daß sie meine Freunde sind.»
«Und du, Schuljunge, versäumst die Schule und schiebst in deiner Schuluniform einen Handwagen durch die Stadt? Weißt du, was ein Schulschwänzer ist?»
«Ja.»

«So, was denn?»
«Einer, der absichtlich nicht in die Schule geht. Ich bin aber nur deshalb nicht in der Schule, weil mich der Lehrer hinausgeschmissen hat. Habt ihr übrigens auch einen Handwagen?»
«Ja», antworteten alle gleichzeitig. «Und wir sind für den Markt hier zuständig», fügte der kleine bullige Kerl drohend hinzu. «Uns gehören zwei Handwagen. Das reicht völlig für dieses Gebiet, verstehst du?»
«Hast du auch als Schulschwänzer angefangen?» fragte ich ihn.
Mein rechtes Ohr wurde plötzlich heiß, und ich spürte, wie es sekundenlang verdreht wurde. Dann hatte ich das Gefühl, als würde ich an meinen Ohren vom Boden hochgehoben. Ich schrie laut vor Schmerz. «Du bist selbst schuld, du dummer Junge, das wird dich lehren, Ältere auszufragen!»

Zum Glück kamen Teye und Nii Nortey in diesem Augenblick zurück.
«Was ist los, Obodai?» fragte Nii Nortey, während Teye noch unter dem schweren Maissack, den er auf dem Rücken trug, keuchte.
«Dieser bullige Kerl», sagte ich und sah die vier böse an. Jetzt, da meine Freunde wieder hier waren, wurde ich mutig. «Ich werde ihn anzeigen!»
«Die Polizei hat schon Feierabend, und wir wissen genau, wann und wo die Polizisten ihre Runden drehen. Wer redet, sagt übrigens leicht zuviel, Bürschchen!» entgegnete der Bullige. Ich war wütend.
«Warum sitzt ihr eigentlich auf unserem Wagen?» rief Nii Nortey ärgerlich. «Kommt sofort herunter!» Die vier Kerle stiegen wortlos ab, und Teye und Nii Nortey ver-

stauten die beiden Maissäcke. Während dessen standen die vier um den Wagen herum. Sie schienen hinterhältig zu lächeln. Der große Dünne fragte: «Warum seid ihr in unser Gebiet eingedrungen? Woher kommt ihr?»
«Von Osu», antwortete Nii Nortey.
«Wer hat euch den Auftrag gegeben?»
«Mamie Nyaaba.»
«Mamie Nyaaba von Osu? Vom Osu Markt?»
«Ja.»
«Die Königin von Osu, die auf dem Markt Mais und andere Waren im Großhandel verkauft?»
«Ja.»
«Ach. Sie kann bezahlen, sie bezahlt sicher gut. Habt ihr gesagt, daß es noch andere Handwagen gibt, die ihr den Mais bringen könnten?»
«Wir haben nicht übers Geschäft geredet», sagte Nii Nortey. Teye und ich freuten uns. Wir lachten.
«Ihr habt uns noch nie auf dem Markt von Osu gesehen, nicht wahr?» fragte der große Dünne kühl.
«Bestimmt nicht.»
«Eben. Wir kommen euch nicht ins Gehege. Warum kommt ihr dann nach Kwasiadwoaso?»
«Habt ihr einen Handwagen?» fragte Nii Nortey, und ein schuldbewußter Ausdruck erschien plötzlich auf seinem Gesicht.
«Ja, natürlich!»
«Wo ist euer Wagen?»
«Wir haben beide Wagen versteckt. Sie sind auf der anderen Seite der Tankstelle. Ihr kennt die Regeln, oder?»
«Ja, gewiß. Es tut uns leid», sagte Nii Nortey, und weil ich mich wunderte, daß er klein beigab, fragte ich ihn: «Warum entschuldigst du dich, Nii Nortey? Geschäft ist doch Geschäft!»

«Wer Geschäfte machen will, muß sich an die Spielregeln halten», sagte der bullige Kerl. «Haben wir euch etwa eure Geschäfte verdorben? Ihr hält euch an euer Gebiet, und wir halten uns an unseres. Keine Einmischung, verstanden?»
«Nein, ich verstehe gar nichts!» schrie ich.
«Oh, du verstehst nicht? Wir werden es euch zeigen, bis ihr begreift!» Die vier stellten sich um unseren Handwagen auf und ließen die Luft aus den Reifen. Mein Mut verließ mich. Teye sagte kein Wort. Nii Nortey schaute hilflos zu, händeringend und mit offenem Mund.
«Paßt auf, wohin ihr das nächste Mal geht», sagte der große Dünne. Dann steckten sie die Ventile ein und verschwanden.

23. Kapitel

«Nii Nortey, warum sind wir hergekommen, wenn wir nicht hierher kommen dürfen?»
«Diese Frage stellt sich nicht, Obodai. Wir müssen etwas riskieren, um Geld zu verdienen. Die Kerle haben sich darüber beschwert, daß wir ihnen ins Gehege gekommen sind. Wir haben kein Gesetz gebrochen. Die Frage ist nur, wie wir nach Hause kommen. Es ist schon beinahe vier Uhr, und um fünf oder sechs müssen wir abgeliefert haben. Teye, du bleibst hier bei Obodai. Ich gehe Ventile kaufen für die Reifen. Wenn diese Kerle wieder auftauchen, müßt ihr sie bei Laune halten. Obodai, du mußt besonders aufpassen, hast du verstanden?»
«Ja, ich weiß, ich weiß!» sagte ich mürrisch, während Nii Nortey davoneilte. Mir war nicht nach Scherzen zumute. Er war im Nu zurück. Wir luden den Wagen aus, und die beiden trugen ihn zur Garage hinüber. Ich blieb inzwischen bei den Maissäcken. Der Tankwart montierte die Ventile und pumpte die Reifen auf. Dann luden wir die Maissäcke wieder ein. Auf dem Heimweg hob sich die Stimmung ein bißchen.

Die fünfundsiebzig Cedis, die ich verdient hatte, waren mehr, als ich je für einen ganzen Tag Arbeit bekommen hatte. Ich lief fröhlich und aufgeregt nach Hause. Aber als ich meine Mutter sah, war meine gute Laune wie weggeblasen. Sie hatte zuviel getrunken und sprach mit schwerer Zunge. Dennoch wollte ich ihr erzählen, was sich heute ereignet hatte. Wenn sie es von jemand anderem erfahren würde, wäre ich in größten Schwierigkeiten.

Sie schien gar nicht zuzuhören. Als ich alles erzählt hatte, sagte sie: «Geh, erzähle es deiner Tante. Erzähl Tante Adoley alles. Sag ihr, daß ich dich geschickt habe, damit du ihr alles erzählst. Barnors Mutter schuldet mir jede Menge Geld für Fisch und für andere Dinge, die sie bei mir hat anschreiben lassen. Wenn ich zu ihr hingehe und mich über ihren Sohn beschwere, wird sie mir vorwerfen, daß ich sie wegen ihrer Schulden beleidige. Das würde ich nie tun. Alles, was recht ist! Geh und erzähle es Tante Adoley.»

Tante Adoley war wütend, als sie hörte, was sich zugetragen hatte. Während ich erzählte, brummte sie unwillig, wenn sie das Gefühl hatte, daß ich ungerecht behandelt worden sei. Aber als ich ihr alles berichtet hatte, sagte sie zum meinem Erstaunen als erstes: «Wo ist das Geld, das du verdient hast?»

Ich gab es ihr.

«Obodai», sagte sie sanft.

«Ja, Tante», antwortete ich.

«Ich gebe dir das Geld nicht zurück. Wir werden in der Handelsbank ein Sparkonto eröffnen und es einzahlen. Wir werden zusammen hingehen. Das Geld kommt dir eines Tages vielleicht gelegen. Einverstanden?»

Ich sagte nichts.

«Ich weiß schon», fuhr sie fort, «daß du darüber nicht gerade glücklich bist, mein Junge, aber das werden wir tun. Es gibt kein Wenn und Aber. Morgen gehen wir hin. So. Warum in aller Welt hast du den Satz von der

Kirchenwand weggewischt, wenn du ihn nicht geschrieben hast?»
«Ich dachte, wenn er weg ist, wird man mich nicht mehr beschuldigen.»
Tante Adoley lachte laut und sagte: «Das kann auch nur ein Kind denken. Wenn nun jemand glaubt, daß du ihn deshalb weggewischt hast, weil du ihn geschrieben hast?»
«Niemand hat gesehen, wie ich ihn weggewischt habe, Tante.»
«Bist du sicher?»
«Ja, ich bin sicher.»
«Ganz sicher?»
«Ja, Tante.»
«Man kann nie wissen, mein Junge. Wir sind hier in Anorhor. Hier ist man nie allein. Morgen gehst du wieder zur Schule.»

«Ich kann nicht», sagte ich.
«Warum nicht?»
«Ayitey Katsa kann mich nicht ausstehen. Ich werde Angst haben und mich in der Klasse nicht wohlfühlen.»
«Dann willst du also zu Hause bleiben, tagsüber den Wagen schieben und abends ausgehen? Obodai, denk mal nach. Du würdest gleich in schlechte Gesellschaft geraten. Du fängst an zu rauchen, und nach zwei Jahren trinkst du jeden Tag Alkohol. Dann beginnst du Cannabis zu rauchen, und wenn du weder fürs Trinken noch fürs Rauchen Geld hast, fängst du an zu stehlen. Das ist der Anfang vom Ende eines sinnvollen, guten Lebens, Obodai.»
«Ich möchte Schreiner werden, Tante. Ich habe schon mit Schreiner Ataa Boye gesprochen.»

«Was hat er gesagt?»
«Er sagte, ich sei noch etwas zu jung. Aber er will mich anstellen, wenn ich weiter zur Schule gehe.»
«Schreiner Ataa Boye kennt seine Pappenheimer. Das steht fest. Aber ich mag den Gedanken nicht, daß du in deinem Alter schon bei ihm arbeiten mußt», sagte meine Tante nachdenklich. «Er wird dich als Handlanger benutzen, und du wirst Siebe, Bierkörbe, Schemel und Tische für ihn verkaufen müssen. Ich weiß nicht, ob das gut geht, Obodai.»
«Ich glaube schon, Tante.»
«Was glaubst du schon?»
«Ich glaube, daß es gut gehen wird. Ich will ja nicht den ganzen Tag zu ihm in die Lehre gehen.»
«Sondern?»
«Ich möchte auch zur Schule.»
«Und gleichzeitig schreinern lernen?»
«Wir müssen ja nur halbtags zur Schule.»
«Und willst du den andern halben Tag in die Lehre gehen?»
«Ja, vielleicht auch nur an drei halben Tagen in der Woche. Das habe ich Schreiner Ataa Boye vorgeschlagen.»
«Ich verstehe. Aber glaubst du, daß dein Vater dem Plan zustimmen wird? Er will ja, daß seine Kinder Fischer werden. Er hat kein großes Vertrauen in die heutigen Schulen.»
«Ich will gleichzeitig arbeiten und lernen. Ich will nicht Fischer werden. Ich fange als Schreiner an, dann lasse ich mich zum Technischen Zeichner ausbilden, und schließlich werde ich Baumeister oder Architekt oder Städteplaner. Ich werde Anorhor neu planen. Unsere Städte sind überfüllt, Tante, und gesundheitsschädlich. Das habe ich gelesen!»

«Was du nicht sagst! Hast du deiner Mutter schon davon erzählt?»
«Noch nicht.»
«Ich sehe schon, wie sich dein Vater und deine Mutter in die Haare geraten. Ach, Gott», sagte Tante Adoley mutlos. «Weißt du was?»
«Nein, Tante.»
«Du mußt auf jeden Fall weiter in die Schule, Obodai.»
«Aber ich will nicht in die Mota B oder zu Mr. Katsa. Ich gehe nie wieder dorthin, Tante.»
«Weißt du eigentlich, was du sagst?»
«Ja, Tante.»
«Du bist noch so jung. Ich bin nicht sicher, ob du die Folgen abschätzen kannst.» Sie schien angestrengt nachzudenken.
«Das kann ich, Tante.»
«Na, gut», seufzte Tante Adoley.
«Warum hat dich Barnor eigentlich verleumdet?»
«Keine Ahnung.»
«Laß uns hingehen und es herausfinden!»

24. Kapitel

Barnor war gerade beim Essen, als wir ins Haus traten. Er saß auf einem niedrigen Schemel an einem niedrigen Tisch, den wahrscheinlich Schreiner Ataa Boye gefertigt hatte. Als er uns sah, erschrak er und wollte sich aus dem Staub machen. Aber Tante Adoley, wachsam wie sie war, sagte: «Nein, Barnor, lauf nicht weg. Komm mal her zu mir.» Barnor kam heran. Niemand schien uns in dem Lärm und dem Durcheinander zu beachten.
«Was hast du Lehrer Ayitey Katsa heute morgen über Obodai gesagt?»
«Ich habe ihm nichts gesagt.»
«Gar nichts?»
«Nein.»
«Bist du sicher?»
«Ich habe nur gesagt, daß Obodais Mutter Kreide verkauft.»
«Warum hast du das gesagt?»
«Weil, weil er gefragt hat», stotterte Barnor.
«Was hat er gefragt?»
«Das weiß ich nicht mehr genau.»
Barnor wollte nicht reden. Er zappelte und trat unruhig vom einen Fuß auf den anderen. Tante Adoley sprach ziemlich laut, als sie sagte: «Barnor, hier in Anorhor ist jeder mit jedem verwandt. Obodai ist so gut wie dein eigener Bruder. Warum bringst du ihn in Schwierigkei-

ten? Es geht nicht an, daß du jemanden absichtlich in Schwierigkeiten bringst, ob er verwandt ist mit dir oder nicht. Ich bin sehr böse auf dich. In den guten alten Zeiten hätte ich dir hier und jetzt eine ordentliche Tracht Prügel verpaßt!»

«Wer will meine Kinder in meinem eigenen Haus verprügeln?» sagte Barnors Mutter, die gerade aus dem Badezimmer trat. Sie sprach laut und schrill. «Ich bin aufgeschlossen und zivilisiert! Ich erziehe meine Kinder nicht mit Prügeln! Wer das will, kann selbst welche kriegen und sie nach Herzenslust verdreschen. Wenn du einen Funken Verstand hättest, wärst du zuerst zu mir gekommen. Wie kannst du es wagen, meinem Sohn Prügel anzudrohen? So eine Unverschämtheit! Geh nach Haus und verprügle deine eigenen Kinder!»
Barnors Mutter schrie aus vollem Hals. Rundum wurde es still, und alles, was Beine hatte, versammelte sich in einem Kreis um die beiden, um auch nicht ein einziges Wort zu verpassen.
«Du weißt ganz genau, Torshii, daß meine Kinder gestorben sind! Eines war sechs Jahre, eines vier und eines zwei Jahre alt. Zwei Jungen und ein Mädchen. Sie sind tot, und du weißt es. Sie starben in den Händen einer Hexe wie du!» Tränen strömten Tante Adoley über das Gesicht. Ich zitterte vor Angst und vor Trauer. Sie tat mir so leid.
Als sie sich wieder gefaßt hatte, richtete sie sich gerade auf, hob den Kopf und sagte: «Als der Vater meiner Kinder, Adjei Boye, in diesem schrecklichen Bahnunglück starb, beschloß ich, nicht mehr zu heiraten. Das weißt du, Torshii, oder? Ich mache nichts und niemanden für mein Schicksal verantwortlich. Aber Obodai ist

mein Sohn, und niemand wird ihm etwas zuleide tun. Übrigens, etwas hätte ich nie gemacht – ich hätte nie fünf Kinder mit fünf verschiedenen Männern bekommen.»
Tante Adoley nahm mich beim Arm und sagte: «Komm, wir gehen, mein Junge. Eins zu null für uns!»

25. Kapitel

Es wunderte mich, daß Tante Adoley nicht das geringste anzumerken war. Sie schien völlig ruhig und ging raschen Schrittes in die Richtung von Lehrer Ayitey Katsas Haus. Als wir ankamen, war es beinahe sieben Uhr. Er hatte augenscheinlich schon zu Abend gegessen. Seine junge Frau trug ein kleines Kind auf den Armen. Es war kaum älter als drei Monate und schrie sich das Herz aus dem Leib. Ayitey Katsa hatte seine abendliche Geschäftskleidung angezogen: ein schneeweißes Baumwollgewand, ähnlich wie die Soutane eines katholischen oder anglikanischen Priesters, aber etwas schmaler geschnitten, so daß man seinen wohlgenährten Leib sah.

Ayitey Katsa war durch unseren unangemeldeten Besuch überrumpelt. Nach den Ereignissen des Vormittags hatte er wohl nicht damit gerechnet, mich zu sehen, noch weniger meine streitbare Tante Adoley. Aber er war ein rascher Kopf. Er setzte sogleich sein ernstes Priestergesicht auf und sagte: «Im Namen des Herrn seid willkommen in meiner Kirche.»
«Mach keine Witze, Ayitey», entgegnete Tante Adoley.
Ayitey Katsa überhörte die Bemerkung geflissentlich, hob feierlich die Arme, blickte zum Himmel empor und sagte mit würdevoller, tiefer Stimme: «Laßt uns beten,

laßt uns beten! Allmächtiger Gott, Vater unseres Herrn Jesus Christus, in den wir vertrauen, wir danken dir für das Geschenk des Lebens, das Geschenk des Glaubens, das Geschenk, deine Herrlichkeit und dein Wort bezeugen zu dürfen, das Geschenk jedes einzelnen Tages und das Geschenk der Brüderlichkeit, des gegenseitigen Verständnisses und der Geduld, das du allen Männern und Frauen guten Willens in deiner Großzügigkeit und Liebe gemacht hast. Gelobt sei dein Name!» Und seine Frau rief irgendwo im Hintergrund: «Amen, Amen!» Tante Adoley, die nicht gewöhnt war, in der Öffentlichkeit zu beten, senkte pflichtschuldig den Kopf. Den Griff um meinen Arm lockerte sie nicht.

«O Herr, Dein Reich komme. Dein Wille geschehe. Gib uns heute unser tägliches Brot und vergib uns unsere Schulden, wie auch wir vergeben unseren Schuldigern», fuhr der hochwürdige Ayitey Katsa fort, und ich sah, wie Tante Adoley das Gebet leise mitsprach. Das ermutigte ihn.

«Herr, du weißt, daß es mit unserer heutigen Welt nicht zum besten steht», fuhr er fort im Predigtton. «Die Kinder haben keine Achtung mehr vor ihren Eltern und Großeltern, noch vor älteren Menschen überhaupt, und nicht einmal vor ihren Urgroßeltern. Das Land ist voller Fischhändler, die *kalabule* betreiben, was nichts anderes heißt, als daß die Männer die Frauen und die Frauen die Männer bis aufs Blut ausnützen; Prügeleien zwischen betrunkenen Vätern und Müttern nehmen überhand, und am schlimmsten ist die weitverbreitete Respektlosigkeit den Lehrern gegenüber. Vergib uns, oh Herr, vergib uns, wir flehen dich an! Verschone uns vor deinem Zorn über diese Sünden und erlöse das Land von den Machenschaften all jener, die Böses im Sinn haben. Amen!!» schloß er nachdrücklich, und seine Frau wiederholte laut: «Amen! Amen! Amen!»

Tante Adoley sagte nichts, aber sie zitterte vor Zorn. Ayitey Katsa lächelte breit und sagte mit weit geöffneten Armen: «Adoley, sei mir willkommen, willkommen. Was kann ich für dich tun?»
«Warum hast du meinen Neffen heute morgen hinausgeworfen?»
«Was die Schule betrifft, muß in der Schule besprochen werden, nicht beim Lehrer zu Hause.»
«Wie bitte? Wer hat diese Vorschrift erlassen?»
«Die Lehrer wissen es am besten. Das ist ihr Beruf.»
«Ist es deine Aufgabe, ein Kind aus der Klasse zu schicken, nachdem es von einem anderen Kind angeschwärzt worden ist?»
«Ich sage dir, Adoley, das ist eine schulische Angelegenheit. Komm morgen zu mir in die Schule.»
«Das werde ich ganz bestimmt nicht tun, Ayitey. Wenn es keine Eltern, keine Kinder und keine Gemeinden geben würde, hätten wir keine Schulen. Die Erziehung zu Hause und die Erziehung in der Schule gehören zusammen, und deshalb bin ich hier. Versuch mir nicht zu erzählen, daß die Schule mit dir, mit Obodai und mir nichts zu tun hat, Ayitey! Ich bin für klare Verhältnisse. Was hat die Tatsache, daß Adorkor Kreide verkauft, damit zu tun, daß Obodai die Kirchenwand bekritzelt haben soll?»
«Ist Obodai dein Kind?»
«Was hat das damit zu tun?»
«Warte, bis du selbst Kinder hast.»
«Ich lasse mir deine Beleidigung nicht gefallen, Ayitey. Du hast dich von vier Frauen scheiden lassen, um ein

siebzehnjähriges Mädchen zu heiraten, das gerade eben von der Schule abgegangen ist. Da ist es kein Wunder, wenn die Kinder denken, daß du dich in kleine Mädchen wie Adzoa verliebst. Da liegt der Hund begraben, Ayitey, und du weißt es.»
«Dann hast du meinem Schüler Obodai diesen schmutzigen Gedanken ins Ohr geflüstert, damit er ihn auf meine Kirche schreibt?»
«Warum sollte er das tun? Hast du wirklich das Gefühl, daß ich mir den Kopf über deine Schwierigkeiten zerbreche, Ayitey? Ich kenne dich fast so lange, wie ich denken kann. Du hast vollkommen vergessen, was einen guten Lehrer ausmacht, Ayitey. Du hast keine Zeit. Du setzt dich nicht ein.»
«Hat dir Obodai das erzählt?»
«Obodai könnte mir so etwas gar nicht erzählen. Kein einziges Buch, das Obodai gelesen hat, hast du ihm ausgeliehen. Stimmt's?»
«Gibt es in diesem Land Bücher?» fragte Mister Katsa spöttisch.
«Wie kommst du denn zu den Religionsbüchern für deine Pseudokirche? Lehrer, die es sich einfach machen, haben immer gute Ausreden! Sie beklagen sich über alles und jedes, aber für die eigenen Fehler sind sie blind. Wo kommen wir da hin?»
«Wer hat dich zur Richterin über die Lehrer gemacht?»
«Betrüger wie du, Ayitey. Auch wenn du wenig verdienst – für die Arbeit, die du nicht tust, bekommst du zuviel.»
«Geh nach Hause, Adoley. Ich muß in die Kirche. Schick Obodai morgen in die Schule.»

26. Kapitel

Nach dem Besuch bei Mister Katsa gingen Tante Adoley und ich gleich zu meiner Mutter. Barnors Mutter, Torshii, war schon da. Sie war außer sich. Sie zitterte am ganzen Körper und schrie wie besessen: «Hier bin ich, Adorkor, bring mich um. Du hast es die ganze Zeit gewollt. Ich spüre deinen Haß. Nicht nur schulde ich dir Geld, Adorkor, ich bin dir weniger wert als ein dahergelaufener Hund! Gib's zu, Adorkor!»
«Was hast du bloß, Torshii? Was soll das?» fragte meine Mutter entsetzt.

Tante Adoley hörte eine Weile zu und sagte dann: «Torshii, ich bin heute abend von mir aus zu dir gekommen. Warum läßt du deine Wut an Adorkor aus? Warum quälst du sie? Wenn dein Sohn Barnor heute nicht so jämmerlich gelogen hätte, wäre nichts passiert.»
«Ist Obodai dein Sohn?» fragte Torshii meine Tante.
«Torshii, habe ich dir heute nicht schon einmal erzählt, daß ich keine Kinder bekommen kann?»
«Was für ein Unsinn!» sagte meine Mutter. «Adoley hat drei Kinder gehabt. Alle Welt weiß das. Alle Welt weiß, wie sie ums Leben kamen. Weil ihre Krankheit nicht geheilt werden konnte, beschloß Adoley, keine Kinder mehr zu bekommen. Dann starb auch ihr Mann ganz unerwartet. Sie hat so viel durchmachen müssen. Obo-

dai ist *mein* Sohn. Aber er bedeutet Adoley mehr als ein Sohn. Torshii, laß Adoley in Ruhe.»
«Warum hat mich Adoley eine Hexe genannt?»
«Weil du so böse bist. Das ist es», entgegnete meine Mutter.
«Und du selbst, Adorkor?» fragte sie höhnisch.
«Das kannst du sehen, wie du willst!» sagte meine Mutter. «Ich habe jedenfalls keine böse Absicht, wenn ich dir Kredit gebe, während du das Schulgeld deiner Kinder für teure Kleider und aufwendiges Essen verbrauchst. Ich tu's, weil ich deinen Kindern helfen will. Was wirfst du mir also vor? Wann bezahlst du deine Schulden?»
«Wenn dein Mann seine Schulden bei mir bezahlt hat.»
«Sai?»
«Ja, natürlich.»
«Torshii», fragte meine Mutter, «wann hast du dich in Obodais Vater verliebt? Er hat mich die ganze Zeit gebeten, dir gegenüber nachgiebig zu sein und deine Schulden anzuschreiben. Typisch Mann!»
«Typisch Frau!» entgegnete Tante Adoley. «Es braucht immer zwei für die Liebe.»
«Torshii, wann hat das mit Sai angefangen? Sag's mir», fragte meine Mutter beharrlich.

«Sag ihr nichts, Torshii!» fuhr mein Vater atemlos dazwischen, der ins Zimmer stolperte. «Mir reicht's!» keuchte er wütend.
«Was reicht dir?» fragte ihn meine Mutter ruhig. Die Abneigung stand ihr ins Gesicht geschrieben.
«Daß ihr anderen Leuten in ihren eigenen vier Wänden die Hölle heiß macht!»
«Ich weiß nur von Torshii. Wovon redest du?»

«Frag mal Adoley.»
«Sai», sagte Tante Adoley, «du hast Geld, und deshalb hast du dich nie nur mit einer Frau begnügt. Und doch hat dir immer das nötige Kleingeld gefehlt, um ein einfaches, bescheidenes Heim einzurichten, mit einer einzigen Frau darin zu leben und für eine gute Ausbildung deiner Kinder zu sorgen. Du bist ein widerlicher, mieser Kerl.»
«Vergiß nicht, daß du mich einmal geliebt hast», sagte mein Vater ungerührt.
«Ich war jung, und du warst ein Lümmel, dem das Geld locker in der Tasche saß. Das fand ich in kürzester Zeit heraus. Ich ließ dich sitzen, und aus Rache hast du dich an meine Schwester Adorkor herangemacht.»
«Und warum hat sie sich wohl auf mich eingelassen?» Er verzog spöttisch den Mund.
«Ha, ha, ha-a-ah!» lachte Torshii höhnisch. «Es gibt noch andere, die viele Männer haben!»
«Du bist ein Lügner, Sai», sagte meine Mutter langsam und ruhig, aber mit belegter Stimme. «Du wolltest ein Geschäft aufziehen. Du wolltest mir frischen Fisch zu Großhandelspreisen anbieten, und ich sollte ihn verkaufen. Den Gewinn wollten wir uns teilen. Du hast mir Geld für das Geschäft vorgeschossen. Dann nahmst du mich in Bars mit und in teure Restaurants. Bis dahin hatte ich nie Alkohol getrunken. Daß du hinter Adoley her gewesen bist, wußte ich nicht. Du hast es mir nie erzählt, und sie hat es sich nie anmerken lassen. Ich nahm dich ernst. Meine Eltern waren tot, und das wußtest du. Du bist ein mieser, trunksüchtiger Betrüger. Ich kann diese Schande fast nicht ertragen!»
«Wie kannst du es wagen, mich so zu beschimpfen? Ich habe genügend Geld in dein Geschäft gesteckt, um dir

und deinem Sohn ein Auskommen zu ermöglichen. Das weißt du genau!»
«Was ich verdiene, gehört mir, nicht dir. Dein Geld habe ich dir mit Zinsen zurückbezahlt. Und was das Geschäft betrifft, Sai, hast du es zwar angefangen, aber ich habe es aufgebaut. Ich schulde dir nichts. Ich bin unabhängig. Wenn es nach dir ginge, würdest du bis in alle Ewigkeit bei mir schmarotzen.»
«Ich, schmarotzen?»
«Ja, Sai, du! Wann hast du mir zum letzten Mal Geld fürs Essen gegeben? Sag mir, Sai, wann? Und doch ißt du hier, wenn es dir paßt. Du trinkst hier, bis du betrunken bist, und dann beleidigst du mich, weil du mit mir und meiner Schwester etwas gehabt hast? Es ist zum Heulen. Ich will dich nicht mehr sehen!»
«Unsinn!» sagte mein Vater.
«Du Schlange! Verschwinde bloß!» Jetzt weinte meine Mutter.
«Du hinterlistiges Weibsstück!»
«Verschwinde!» Meine Mutter packte einen Schemel und warf ihn meinem Vater an den Kopf.
«Mein Gott, du bringst ihn um, Adorkor!» stöhnte Madam Torshii. Sie wollte sich auf meine Mutter stürzen, aber Tante Adoley hielt sie zurück und warf sie aus dem Haus.
Mein Vater sah furchbar aus. Mein Herz schlug wild.

27. Kapitel

Obodai da
Obodai dort
die Mutter da
die Tante dort
und der Vater ist fort, ja fort.
Fünf Cedis da
zehn Cedis dort
beides zusammen fort, ja sofort
aufs Sparkonto bei der Bank am Ort
und rasch nach Hause, nach da oder dort
sofort, Obodai, sofort!

Barnors Spottlied, das ich immer irgendwo aus der Ferne hörte, tat weh. Aber es stimmte, daß ich manchmal bei meiner Mutter übernachtete und manchmal bei Tante Adoley. Seit diesem schrecklichen Abend war ich häufiger bei Tante Adoley. Nicht, weil mich meine Mutter zu ihr schickte. Es ergab sich von selbst. Ich versuchte auch, in eine andere Schule zu kommen. Das war eine heikle Sache, die gut überlegt sein wollte und Beziehungen erforderte. Aus praktischen Gründen standen die drei anderen Schulen zur Auswahl, die im selben Schulhaus untergebracht waren. Das Schulhaus war ein großes, zweistöckiges Gebäude. Der Unterricht fand in allen vier Schulen wechselweise vormittags oder nachmittags statt.

Wegen Miss Schandorf wäre ich gerne auf die Mota A gegangen. Ayitey Katsa von der Mota B, in der ich vorher gewesen war, würde ich dort nicht begegnen. Aber Mrs. Theodora Tcherdey, die Rektorin von Mota A und B, riet mir zu einer der beiden anderen Schulen, damit ich mich wohlfühlte und ungestört lernen konnte. Sie war eine nette, warmherzige Frau. Sie fand, dass ich hinter der Affäre mit Lehrer Ayitey Katsa einen dicken Schlußstrich ziehen sollte. Ich hatte daher die Wahl zwischen Edie Laryea A oder B. In der Edie Laryea A im ersten Stock und in der Mota A im Erdgeschoß fand der Unterricht in derselben Tageshälfte statt. Das galt entsprechend für Edie Laryea B und Mota B. Weil ich Ayitey Katsa um keinen Preis über den Weg laufen wollte, kam ich schließlich in die Edie Laryea A.

Lehrer Ayitey Katsa hätte mir zwar ohne weiteres in allen vier Schulen das Leben schwer machen können. «Ich werde Obodai den Hochmut austreiben und ihn bestrafen», hatte er meinen Kameraden aus der Fünften geschworen, «heute, morgen oder übermorgen; aber ich werde es tun, darauf könnt ihr Gift nehmen!»

Ich mußte fast ein Semester warten, bevor ich in die sechste Klasse der Edie Laryea A aufgenommen wurde. Miss Schandorf sah es nicht gerne, daß ich eine Zeitlang nicht zur Schule ging. Aber Tante Adoley bestand auf der Edie Laryea A.

Bei der Aufnahme hatte Miss Schandorf natürlich ihre Hand im Spiel. Sie kümmerte sich um mich und setzte sich für mich ein. «Warum kommt Obodai nicht zu

mir?» fragte sie an jenem Morgen, als ich von der Zulassung zur Edie Laryea A erfuhr. «Ich könnte ihn jetzt und während des nächstens Schuljahres unterrichten, damit er nicht soviel verpaßt. Obodai, möchtest du bei mir wohnen?»
«Das möchte ich gern, Miss Schandorf», sagte ich höflich. Aber eigentlich stimmte es nicht. Bei meiner Mutter und bei Tante Adoley fühlte ich mich wohl, und ich genoß alle Freiheiten; ich wollte um nichts in der Welt von ihnen weg.
«Ach, Miss Schandorf, Obodais Mutter hat nur ein Kind», sagte Tante Adoley, «und für mich ist er mehr als ein Sohn. Ich bin sicher, daß wir beide gut für ihn sorgen. Ab und zu wird er bei Ihnen vorbeikommen, um zu fragen, was er für die Schule tun muß. Ich habe noch nicht alles vergessen, was ich in der Schule gelernt habe. Ich kann ihm bei den Hausaufgaben helfen. Ja, das werde ich tun. Außerdem beschränkt sich seine Erziehung nicht nur auf die Schule. Seine übrige Erziehung ist ebenfalls sehr wichtig.»
«Ich sehe schon, daß Sie Obodai bei sich haben wollen», sagte Miss Schandorf seufzend.
«So ist es. Er ist noch unverdorben, und ich möchte nicht, daß er in schlechte Gesellschaft gerät. Ich bin Obodai sehr zugetan. Ich möchte, daß er eine gute Erziehung bekommt. Warten wir's ab, Miss Schandorf.»
«Ich bestehe nicht darauf, wenn es das ist, was Sie möchten. Obodai, komm morgen zu mir. Hast du schon ‹Der Wanderzauber› und ‹Der sprechende Kürbis› gelesen?»
«Nein, Miss Schandorf.»
«Ach, diese beiden Bücher habe ich als Kind immer wieder gelesen. Auch heute lese ich sie manchmal zum

Vergnügen. Du kannst sie dir morgen bei mir abholen.»
«Ja, Miss Schandorf.»
«Gut, dann bis morgen, Obodai. Paß auf dich auf!»
«Auf Wiedersehen, Miss Schandorf.»

Während der nächsten drei Monate kam einiges ins Rollen. Meine Mutter und meine Tante berieten sich lange miteinander, und nachdem sie ausführlich mit Schreiner Ataa Boye gesprochen hatten, kam ich in die Lehre.
«Wir wollen, daß Obodai etwas vom Handwerk lernt», sagte meine Tante zu Schreiner Ataa Boye. Meine Mutter stand daneben und hörte zu.
«Was meinst du?» fragte Schreiner Ataa Boye verdutzt.
«Wir wollen nicht, daß er den ganzen Tag zimmern und schreinern muß. Dafür ist er zu jung», erklärte meine Mutter.
«Warum geht er dann nicht zur Schule und wartet noch ein bißchen?»
«Obodai hat es dir selbst erklärt», sagte meine Tante. «Er will zur Schule und gleichzeitig schreinern lernen. Später wird er selbst entscheiden, ob er dabei bleiben will oder nicht. Wir wollen ihn nicht auf der Straße sehen. Obodai wird zu Hause für die Schule lernen, bei dir in die Lehre gehen und im September wieder am Unterricht teilnehmen. Laß es uns versuchen, Schreiner Ataa Boye. Bist du einverstanden?»
«Adorkor, bist du einverstanden?» fragte Schreiner Ataa Boye meine Mutter.
«Ja, ich bin einverstanden. Sag mir, wenn er Schwierigkeiten macht», antwortete meine Mutter.
«In Ordnung. Was bekomme ich für meine Dienste?»
«Nichts», sagte meine Mutter.

«Nichts?» fragte Schreiner Ataa Boye und zog erstaunt die Augenbrauen hoch.
«Ja, nichts», wiederholte meine Mutter.
«Warum?»
«Wir gehen davon aus, daß du den Gewinn mit ihm teilst», sagte meine Mutter.
«Er ist ja noch nicht einmal Schreiner!»
«Wir meinen den Betrag, der übrigbleibt, nachdem du die Auslagen für seine Ausbildung abgezogen hast. Wir wollen dir keinen Freipaß für Kinderarbeit verschaffen!»
«Guter Gott! Ihr Frauen wißt nicht, wovon ihr redet. Ich gehe nach Hause», sagte Schreiner Ataa Boye und erhob sich von seinem Stuhl.
«Noch nicht», sagte meine Mutter, «bleib sitzen!»
«Warum sollte ich?»
«Zum einen, weil du hier wohnst, Schreiner Ataa Boye!» Meine Mutter sprach wie üblich langsam und ruhig. Ihre Stimme war ziemlich tief. «Wir wollen», fuhr sie fort, «daß Obodai bei dir in der Werkstatt nach und nach die Grundlagen des Handwerks erlernt. Du kannst ihn Sachen verkaufen lassen, wie er es früher zusammen mit Torgbor gemacht hat. Er ist jetzt älter, und er hat seine Lektion gelernt. Den Erlös wird er nicht mehr verjubeln. Du machst einen Betrag mit ihm aus, der deine Auslagen berücksichtigt und den er für seine Arbeit erhält. So einfach ist das! Er hat ein Bankkonto…»
«Ein Bankkonto? Es ist nicht zu fassen! Ihr Frauen verwöhnt den Jungen über alle Maßen!» stellte Schreiner Ataa Boye entrüstet fest.
«Was ist bloß mit dir los, Ataa Boye? Hast du Sägemehl im Kopf?» fragte meine Tante.
«Er kümmert sich viel zu früh ums Geld!»

«Und du hast es zu spät getan! Wann kann Obodai anfangen?»
«Morgen», sagte Schreiner Ataa Boye, und der Handel war beschlossen.

28. Kapitel

Obodai Schemel
Obodai Sieb
Obodai Höker
Obodai Schmöker
Obodai kleinääär Schreinääär!

Im ersten Jahr, als ich bei Schreiner Ataa Boye in die Lehre ging und die Grundschule abschloß, stürzte ich mich voller Tatendrang in die Arbeit. Ich genoß die Zeit in vollen Zügen, auch wenn es manchmal schwierige Tage gab und ich vergaß, wie zufrieden ich im Grunde war. Barnor, Noi und Solo Obli lachten mich natürlich aus und verhöhnten mich, wo sie konnten. Sie räusperten sich geräuschvoll, damit ich auf sie aufmerksam wurde, begannen dann zu johlen und führten einen Tanz auf, den sie sich als Begleitung für das Spottlied ausgedacht hatten:

Obodai Schemel
Obodai Sieb
Obodai Höker
Obodai Schmöker
Obodai kleinääär Schreinääär!

Schreiner Ataa Boye war freundlich und geduldig. Er

gab sich Mühe, mir etwas beizubringen. Als ich im September in die Schule kam, hatte ich auch im Rechnen und in den Sprach- und Realfächern Fortschritte gemacht. Außerdem las ich leidenschaftlich gerne. Ich fand kaum Zeit, mit anderen Kindern zu spielen oder zu plaudern.

Auch Teye und Nii Nortey konnte ich nicht im Stich lassen. Anangs Ferse war zwar geheilt, aber seine Mutter hatte ihm verboten, den Wagen zu schieben. Montags, mittwochs und freitags war ich also bei Schreiner Ataa Boye in der Werkstatt, samstags verkaufte ich seine Sachen, und dienstags und donnerstags half ich Teye und Nii Nortey mit dem Handwagen.
Teye und Nii Nortey waren mir wichtig. Im Innersten sehnte ich mich sehr nach Freunden. Ich fühlte mich einsam, obwohl meine Mutter und meine Tante sich sehr um mich kümmerten, besonders meine Tante. Ich fühlte mich noch einsamer, wenn mich Noi, Solo Obli und Barnor hänselten. Sie hatten es lustig miteinander, hatten Zeit im Überfluß und konnten tun und lassen, was sie wollten. Das konnte ich nicht. Ich mußte arbeiten.

Als wir eines Tages mit dem Handwagen auf einen Auftrag warteten, schlug ich Teye und Nii Nortey vor, mich zu ihrem festen Partner zu machen.
«Und was ist montags, mittwochs und freitags, wenn du bei Schreiner Ataa Boye bist?» fragte Teye.
«Dann seid ihr mit von der Partie.»
«Wir können doch nicht alle Schreiner werden», sagte Nii Nortey.
«Ich mache eine Lehre. Das könntet ihr auch.»

«Ich weiß. Wir haben's oft genug gehört», sagte Teye.
«Ihr wollt ja beide wieder in die Schule und wißt nur nicht, wie ihr es anstellen sollt», erinnerte ich ihn.
«Wir stehen ja auch dazu», sagte Teye ein wenig mürrisch.
«Dann könnt ihr euch wohl ebenso einrichten wie ich!»
«Zur Schule gehen und gleichzeitig eine Schreinerlehre machen?» fragte Nii Nortey.
«Genau», sagte ich.
«Schule ja, Schreinerlehre nein», sagte Nii Nortey ohne Umschweife.
«Was wollt ihr dann?» fragte ich.
Nii Nortey antwortete: «Ich wäre lieber Klempner.»
«Weil dein Vater Klempner ist?»
«Vielleicht. Es interessiert mich einfach, das ist alles.»
Teye sagte: «Ich will Elektriker werden, wenn möglich Elektroingenieur.»
«Damit du kein Werkzeug zu kaufen brauchst, weil du das von deinem Vaters übernehmen kannst?» spöttelte Nii Nortey.
«Du bist wohl nicht ganz dicht. Ich habe einfach Lust dazu. Aber ich möchte Elektrotechniker werden, nicht einfach Elektriker.»
«Elektriker werden gebraucht», sagte ich.
«Ich weiß. Ich will auf dem aufbauen, was mein Vater erreicht hat.»
«Indem du einen Handwagen schiebst?» fragte Nii Nortey.
«Deshalb müssen wir uns ja überlegen, wie wir das mit der Schule anstellen», sagte Teye und kratzte sich zerstreut am Kopf. Er schien angestrengt nachzudenken.
«Und der Handwagen?» fragte ich.
«Wir müssen über viele Dinge nachdenken», sagte Nii Nortey.

«Über die Schule, zum Beispiel», sagte ich.
«Wie man ein Geschäft betreibt», fügte Teye hinzu.
«Wir müssen ein Bankkonto einrichten», warf Nii Nortey ein.
«Warum?» fragte Teye.
Ich erklärte es ihm: «Damit wir Geld haben, wenn wir nach der Schule ein Geschäft aufbauen.»
«Da ist etwas dran!» Teyes Gesicht hellte sich auf.
«Keine schlechte Idee!» sagte Nii Nortey lächelnd.
«Also gut. Schule, Geschäft, Bankkonto – was müssen wir uns sonst noch überlegen?» fragte Teye.
«Wenn wir nicht zur Schule können, kann uns vielleicht ein Privatlehrer weiterhelfen.» Ich überlegte, ob ich eben etwas Dummes gesagt hatte.
«Meinst du wirklich, daß das möglich wäre?» rief Nii Nortey, fuhr dann aber fort: «Obodai, dich betrifft es ja nicht. Du gehst bereits in die Schule.»
«Ja, aber ein wenig zusätzlicher Unterricht kann mir nicht schaden. So sehe ich es. Wißt ihr was?»
«Was, Obodai?» fragte Teye.
«Ich habe schon lange darüber nachgedacht. Noch bevor ich euch den Vorschlag mit der Partnerschaft machte.»
«Was denn? Komm endlich zur Sache, Oberlehrer Obodai», sagte Nii Nortey spöttisch.
«Also gut! Ich bin der Meinung, daß wir Geld sparen und uns einen eigenen Handwagen kaufen sollten. Dann geben wir den hier Mr. Odoteye zurück. Er nützt uns aus. Wir zahlen ihm achthundert Cedis am Tag dafür, nicht wahr?»
«Ja», sagte Teye.
«Und was kostet ein neuer Handwagen?»
«Achtzehntausend Cedis», sagte Nii Nortey.

«Das ist eine Menge Geld», sagte ich. «Aber ich werde Mama fragen und Tante Adoley und selbst etwas von meinem Ersparten beisteuern. Wenn es klappt, können wir unseren eigenen Wagen kaufen. Wenn wir dreihundert Cedis pro Tag für unsere Auslagen abziehen, bleiben uns tausend bis zweitausendfünfhundert Cedis die Woche. Nach drei, höchstens vier Monaten haben wir das Geld abbezahlt. Danach häufen wir unseren Gewinn auf dem Sparkonto an. Was sagt ihr dazu?»
«Eine fabelhafte Idee, Obodai», sagte Teye strahlend.
«So etwas schwebte mir schon die ganze Zeit vor, Teye», grinste Nii Nortey.
«Das glaubst du ja selbst nicht!» entgegnete Teye. «Auf jeden Fall müssen wir wieder in die Schule, Nii Nortey, und zwar so rasch wie möglich!»
«Ja, aber wie?» fragte Nii Nortey zweifelnd.
«Wir stellen einen Lehrer an, der uns abends Unterricht gibt. Dann bereiten wir uns zusammen mit Obodai auf die Prüfungen vor und gehen alle in die Schule in Kinbu.»
«Es wird nicht klappen.» Nii Nortey schüttelte den Kopf.
«Warum nicht?» fragte Teye.
«Weil wir schon zu lange von der Schule weg sind.»
«Wie lange?» fragte ich.
«Mehr als ein Jahr», sagte Teye.
«Wie weit seid ihr denn gekommen?» fragte ich.
«Bis zur Fünften», sagte Nii Nortey.
«Dann schafft ihr es. Wir werden alle zusammen lernen. Wer von euch hat ein eigenes Zimmer?»
«Nii Nortey», antwortete Teye.
«Sprich mal mit deiner Mutter und deinem Vater, Nii Nortey», schlug ich vor. «Du mußt ihnen sagen, daß wir zu dritt sind. Die drei mit dem Handwagen…»

«Nein, Pioniere!»
«Ist ja egal. Sag Ihnen einfach, daß wir Architekten werden wollen...»
«Elektroingenieure...»
«Sie denken sicher, daß wir übergeschnappt sind», lachte Teye.
«Nein», sagte ich, «das sind wir nicht. Wir wollen lernen. Wir haben Geld. Wir stellen einen Lehrer an, kaufen Bücher, Papier und Bleistifte und arbeiten. Wir werden zwei Betten kaufen und sie in Nii Norteys Zimmer stellen, damit wir bis spät in die Nacht lernen können. Dann brauchen wir nur noch todmüde ins Bett fallen. Die Kosten für den zusätzlichen Strom übernehmen wir natürlich, nicht wahr, Teye?»
«Selbstverständlich!»
«Hochfliegende Pläne», meinte Nii Nortey.
«Sie werden nicht davonfliegen, wenn wir vernünftig vorgehen», sagte ich.
«In welcher Reihenfolge sollen wir vorgehen?» fragte Nii Nortey.
«Als erstes kaufen wir uns einen eigenen Handwagen», sagte ich.
«Zweitens werden wir sparen», sagte Teye.
«Drittens suchen wir einen Lehrer, der uns von Montag bis Freitag abends Unterricht erteilt, so daß wir nächstes Jahr nach Kinbu in die Schule können. Viertens....»
«Viertens? Nii Nortey, hatten wir etwas als viertes?» fragte Teye.
«Ich weiß nicht, was Nii Nortey sagen wollte», sagte ich, «aber es gibt tatsächlich einen vierten Punkt. Ihr werdet mir helfen, Schreiner Ataa Boyes Sachen zu verkaufen. Nicht nur samstags. Außerdem müssen wir einen Klempner und einen Elektriker finden, die euch die

Grundlagen des Handwerks beibringen. Dann gehen wir in die Berufsschule und danach…»
«Gibt es noch einen fünften Punkt?» unterbrach Teye.
«Sagt mal, Nii Nortey und Teye, was haltet ihr von unseren Plänen?» rief ich.
«Fabelhaft! Nii Nortey, findest du nicht?» sagte Teye aufgeregt.
«Umwerfend!» lachte Nii Nortey und streckte eine geballte Faust in die Luft.
Da kam ein Reisverkäufer mit einem Auftrag, und wir mußten gehen.

29. Kapitel

Die Leute sind geldgierig heutzutage. Es beginnt bei den Jungen und setzt sich bei den Älteren fest. Alle sind ums Geld besorgt. Das mußten wir erfahren, als wir versuchten, uns einen eigenen Handwagen zu kaufen. Mr. Odoteye, für den wir bislang gearbeitet hatten, lud uns eines Sonntag morgens zu sich nach Hause ein. Er hatte irgendwie gehört, daß wir uns einen eigenen, funkelnagelneuen Handwagen kaufen wollten. Das wollte er verhindern.
Mr. Odoteye war ein alter Herr, vermutlich achtzig oder mehr, und sehr intelligent. Sein großer Kopf hatte die Form einer Kokosnuß. Sonst war er mager, und sein Körper wirkte ausgetrocknet und verschrumpelt, als ob er nie genügend Flüssigkeit zu sich nähme. Man konnte seine Rippen zählen, auch weil er während unseres Gesprächs wütend und enttäuscht die Arme verwarf, so daß seine teuren Kleider verrutschten. Aber es half ihm alles nichts. Für uns war die Unterredung nicht mehr als ein amüsanter Zwischenfall, bevor wir zur Kirche gingen. (In diesem ereignisreichen Jahr gingen wir am Sonntagvormittag regelmäßig zur Kirche. Das gab der Woche einen festen Halt, und wir gingen gerne hin.)

«Ihr Jungs seid eine große Enttäuschung für mich», be-

gann Mr. Odoteye. «Wer von euch ist auf die Idee gekommen, einen Handwagen zu kaufen?»
Wir schwiegen. Er starrte mich an. Das machte mich ganz verlegen. Am liebsten hätte ich mich verkrochen.
«Wer ist übrigens dieser Junge? Ich kenne ihn nicht. Wer ist er?»
«Wir haben Ihnen vom ihm erzählt», sagte Nii Nortey, der für alle drei sprach.
«Wann?»
«Als wir Ihnen von Anangs Unfall erzählten und Sie uns sagten, daß Sie Geld sehen wollten, nicht kranke Beine. Sie sagten, daß wir uns einen kräftigen Jungen mit gesunden Füßen beschaffen sollten.»
«Ist der vielleicht kräftig?»
«Ja.»
«Mit diesem großen Kopf und Streichholzbeinen? Wie heißt er schon wieder?»
«Obodai Sai.»
«Aus Anorhor?»
«Ja.»
«Sieh mal an! Der Sohn von Sai, dem reichen Fischer?»
«Ja.»
«Hör mal», sagte Mr. Odoteye und betrachtete mich mit seinem stechenden Blick, «weiß dein Vater eigentlich, was du treibst? Weiß er, daß du Wagen schiebst?»
«Nein», sagte ich.
«Warum nicht?»
«Weil ich's ihm nicht erzählt habe.»
«Du bist sicher ein ausgemachter Lümmel. Gehst du zur Schule?»
«Ja.»
«Bist du gut?»
«Nicht schlecht.»

«Und dann schiebst du Wagen?»
«Je klüger man ist, desto mehr kann man verdienen.»
«Bei meiner Seele! Er hat euch diese Flausen in den Kopf gesetzt. Nii Nortey und Teye, ihr seid dumm genug, auf diesen mageren Kerl hereinzufallen. Er hat euch etwas vorgegaukelt, und jetzt träumt ihr vom großen Geld. Wozu braucht ihr es? Antwortet, wozu?»
«Um zu kaufen, was wir brauchen, und um ein Polster für schlechte Zeiten anzulegen, so wie Sie», sagte Teye kühl.
«Guter Gott! Der Junge hat euch verdorben. Teye, seit wann sprichst du eine solche Sprache?»
«Seit mir klargeworden ist, daß ich nicht für andere arbeiten will, ohne daß dabei etwas für mich herausspringt.»
«Teye, ich kann keine Schwierigkeiten brauchen. Meine Tage sind gezählt, vor mir liegt nur noch der Friedhof von Osu. Daran solltest du auch mal denken. Dieser Junge ist an allem schuld. Wie heißt er noch mal?»
«Obodai», sagte Teye.
«Er wird dich ins Verderben stürzen, Teye!»
«Es nützt nichts, uns zu beschimpfen», sagte Teye.
«Habt ihr der Polizei erzählt, daß ihr einen Handwagen kaufen wollt?»
«Haben Sie das getan?» fragte Teye, und Mr. Odoteye blinzelte.
«Ich war mal Polizist. Ich habe Beziehungen. Mir kann nichts passieren. Verstehst du? Was soll jetzt mit meinem Handwagen geschehen?»
«Er steht im Hof», sagte Teye.
«Das habe ich gesehen. Ich habe schließlich Augen im Kopf. Was ich wissen will, ist, ob ihr ihn weiter schiebt?»

«Nein», sagte Nii Nortey schlicht.
«Ab wann?»
«Ab heute», sagte Nii Nortey.
«Und wenn ich euch zwanzig Cedis mehr gebe? Einhundertzwanzig Cedis für jeden von euch pro Tag? Das ist viel Geld. Da könnt ihr nicht nein sagen!»
«Nein», sagte Nii Nortey.
«Na, gut, dreißig mehr. Für jeden von euch.»
«Nein», sagten wir alle miteinander.
«Allmächtiger Gott, diese Kerle ruinieren mich. Na, dann...»
«Wiedersehen, Mr. Odoteye», unterbrach ihn Nii Nortey.
«Wohin geht ihr?»
«In die Kirche.»
«Aber ihr kommt zurück?»
«Weshalb?» fragte Nii Nortey.
«Ihr könnt mit mir zu Mittag essen. Ein ausgezeichnetes Essen. Braten, Gemüse, Salat, gekochte Eier, Schinken, was ihr wollt! Und jede Menge Cola.»
«Zuerst müssen wir in die Kirche. Auf Wiedersehen», sagte Nii Nortey als wir hintereinander hinausgingen. Mr. Odoteye war sprachlos. Wir spürten seinen Blick im Rücken, als wir sein schönes Haus verließen. Beim Gartentor hörten wir, wie er sagte: «Diese Kerle bringen mich noch ins Grab.» Wir sahen zu, daß wir fortkamen.

30. Kapitel

Jetzt mußten wir uns schnellstens einen Handwagen besorgen. Meine Mutter sollte uns Geld leihen. Es war aber schwieriger, mit ihr zu verhandeln, als ich gedacht hatte. Sie feilschte, wo es ging. Am Montag wollte sie mit uns reden.

«Du hast mir in den vergangenen Wochen viel von dem Handwagen erzählt, den ihr kaufen wollt, Obodai», sagte sie. «Ich habe gut zugehört und gründlich nachgedacht. Du hast zu keinem Zeitpunkt gesagt, daß ich von dem Geld, das ich euch vorstrecke, einen Nutzen habe. Ihr scheint gar nicht daran gedacht zu haben, daß es schiefgehen könnte. Wenn ihr scheitert, verliere ich, was ich vorgestreckt habe. Welche Sicherheit bietet ihr mir? Bei der Bank hätte man dich auch nach Sicherheiten gefragt, Obodai. Welche Sicherheit kannst du mir bieten?»
«Mama, du weißt, daß ich nichts habe.»
«Soll ich das ganze Risiko tragen?»
Es war ganz still im Zimmer. Ich konnte hören, wie Nii Nortey und Teye atmeten.
«Hört zu. Warum kommt der ganze Gewinn nur euch dreien und eurem Bankkonto zugute?»
«Weil nur wir drei den Wagen bedienen und für seinen Unterhalt sorgen», sagte Teye.
«Gut, dann solltet auch nur ihr drei das Geld zusam-

menbringen. Obodai, wieviel will dir deine Tante geben?»
«Dreitausend, sagt sie.»
«Sonst noch jemand?»
«Schreiner Ataa Boye.»
«Wieviel?»
«Eintausend.»
«Tante Adoley und Schreiner Ataa Boye geben euch zusammen viertausend. Sonst noch jemand?»
«Ataa Okantey…»
«Der Elektriker?»
«Ja, und Ataa Okai…»
«Der Klempner?»
«Ja.»
«Wie kommt das?»
«Hast du vergessen, Mama? Teye geht bei Ataa Okantey in die Elektrikerlehre und Nii Nortey lernt bei Ataa Okai klempnern.»
«Ah ja, jetzt fällt's mir wieder ein. Wieviel schießen die beiden vor?»
«Jeder fünfhundert, Mama.»
«Das ist ja gar nichts. Können sie nicht mehr geben?»
«Wir wollten nicht mehr.»
«Warum nicht?»
«Wir wollen den größten Anteil des Geldes von einer einzigen Person, der wir jeden Monat einen bestimmten Betrag zurückzahlen.»
«Das klingt vernünftig. Von Tante Adoley bekommt ihr also dreitausend, von Schreiner Ataa Boye eintausend, von Ataa Okantey fünfhundert und von Ataa Okai fünfhundert. Das macht zusammen fünftausend. Wieviel kostet der Handwagen?»
«Achtzehntausend», sagte ich eifrig.

«Achtzehntausend. Dann muß ich also dreizehntausend herausrücken?»

«Elf reichen auch, Mama. Ich steuere zweitausend von meinem Ersparten bei.»

«Ist schon gut, Obodai, laß mal. Wann braucht ihr das Geld?»

«Am Freitag.»

«Dann habt ihr also fest bestellt?»

«Ja. Er hat Reifen, und an der Seite steht in weißen Lettern ‹Die drei Pioniere›.»

«Wer hat den Namen ausgesucht?»

«Wir haben abgestimmt. Die Mehrheit hat gewonnen.»

«Warum ausgerechnet ‹Die drei Pioniere›?»

«Wir tun, was wir wollen, und wir tun es für uns selbst. Nichts kann uns davon abhalten.»

«Das steht euch frei, solange ihr niemandem schadet. Ich will fünftausend von eurem Gewinn für die dreizehntausend, die ich euch vorschieße.»

«Dann hätten wir ja gleich zur Bank gehen können», sagte Teye enttäuscht.

«Dann geht zur Bank», sagte meine Mutter kühl, ging zum Eisschrank und holte sich eine Flasche Bier. Dann schenkte sie sich ein Glas voll.

«Mama», sagte ich, «ich gebe dir tausend zusätzlich, wenn du uns hilfst.»

Zu meinem größten Erstaunen sagte sie bloß: «Einverstanden. Ihr könnt die dreizehntausend am Freitag morgen um zehn Uhr abholen. Paßt auf das Geld auf und sorgt dafür, daß ihr den Wagen in Händen haltet, bevor ihr bezahlt. Verlangt eine Quittung und seht zu, daß das Geld vor euren Augen und richtig gezählt wird. Habt ihr verstanden?»

«Ja, Mama. Danke. Lieb von dir, Mama. Wir rechnen

damit, daß wir die fünftausend von Tante Adoley, Schreiner Ataa Boye, Ataa Okantey und Ataa Okai in zwei bis drei Wochen zurückzahlen können und deine dreizehntausend in zwei oder drei Monaten. Wir werden arbeiten. Ja, das werden wir.»
«Schön. Gott segne euch und gebe euch Gesundheit und Kraft, damit ihr euer Wort halten und eurem Vorsatz treu bleiben könnt. Wenn ihr die zusätzlichen Tausend bezahlt habt, werde ich je ein Drittel auf eure Bankkonten überweisen», sagte meine Mutter still. Sie sah aus, wie wenn sie Tränen in den Augen hätte.
«Fabelhaft!» schrie Nii Nortey außer sich vor Freude. Er begann herumzutanzen und in die Hände zu klatschen.
«Danke, lieber Gott, danke, Mama Adorkor!» sagte Teye, ging zu meiner Mutter, schüttelte ihr die Hand und küßte sie auf die Wange.
Ja, und ich? Ich sagte: «Mama, ich liebe dich.»

31. Kapitel

Unser Privatlehrer hieß Mr. Von Dzan Hesse. Er war Grundschullehrer im Ruhestand und etwa sechzig Jahre alt. Weil er selbst sehr diszipliniert war, erwartete er von anderen dieselbe Disziplin. Aber er war aufgeschlossen und durch und durch ehrlich. Er sagte meist geradeheraus, was er dachte. Viele fanden das unangenehm, und vor allem ältere Leute hatten ihre liebe Mühe mit ihm. Sie erzählten uns alle möglichen Schauergeschichten, als sie hörten, daß wir bei ihm Unterricht nahmen. «Ist er nicht zu streng?» fragten sie. Wir mochten ihn aber, gerade weil er so offen und ehrlich war. Unsere Fortschritte waren einzig ihm zu verdanken.
Am Anfang verlangte er ein hohes Honorar – zweihundertfünfzig Cedis die Woche mußte jeder von uns bezahlen. Selbst das hatten wir nur durch zähe Verhandlungen erreicht. Er hatte bestürzt den Kopf geschüttelt, als wir den Preis drückten und ihm Kosten und Nutzen vorrechneten. Aber ich glaube, daß ihn gerade das beeindruckte, so daß wir gleich einen Stein im Brett bei ihm hatten. Wenn er gut aufgelegt war, nannte er uns ‹Die drei Pioniere› oder ‹Die drei in voller Fahrt›!

Es war nicht einfach, die harte Arbeit und das viele Lernen unter einen Hut zu bringen. Mir fiel es besonders schwer. Weil wir fast jeden halben Tag in der Werkstatt waren, am anderen halben Tag in der Schule, abends Unterricht hatten, samstags verkauften und sonntags zur Kirche gingen, blieb uns fast keine Freizeit. Trotzdem waren wir zufrieden, zuversichtlich und fest entschlossen.

Wir hielten den Handwagen sorgfältig instand. Er war unser kostbarstes Eigentum. Wenn wir ihn nicht brauchten, stellten wir ihn bei Nii Nortey ab. Nii Norteys Vater war freundlich und fröhlich. Wir mochten ihn, und er behandelte uns alle drei wie Söhne. Er fragte, wenn er etwas wissen wollte, und wenn er das Gefühl hatte, daß wir auf dem rechten Weg waren, mischte er sich nicht weiter ein.

Vor allem aber verdienten wir Geld. Unsere Schulden bezahlten wir in kürzester Zeit zurück. Wir machten uns auf den weiten Weg nach Accra, um Bretter, Baumaterialien und Eisenwaren zu holen, wir besorgten Yams in Fadama, Fisch am Lighthouse Beach, Lebensmittel in Malata, und manchmal gingen wir nach Kwasiadwoaso, trotz der vier Kerle, die uns beim ersten Mal das Leben sauer gemacht hatten.

Unsere Zuverlässigkeit war bald weit und breit bekannt. Manchmal hatten wir mehr Aufträge, als wir bewältigen konnten. Dann gaben wir sie an Freunde weiter, von denen wir wußten, daß wir ihnen trauen konnten und daß sie uns in zwei Dingen nicht enttäuschen würden: sie würden die Waren unbeschädigt abliefern und einen vernünftigen Preis verlangen.

Es war schwieriger für mich, die Lehre zu machen, als für Nii Nortey und für Teye; meine beiden Freunde konnten sich bei ihren Vätern Rat holen, was das Klempnern und die Elektrotechnik betraf. Das konnte ich nicht. Aber mein größtes Problem war, daß ich so schmächtig war. Mit meinen zwölf Jahren wußte ich zwar, wie man eine Säge benutzt, aber ich hatte Mühe, einen großen Baumstamm durchzusägen. Kleine Sägen und kleine Stämme waren kein Problem, und Hobeln konnte ich ohne weiteres.

Nach sieben Monaten waren unsere Ersparnisse auf eine vierstellige Summe angewachsen. Hätten wir nicht für den Handwagen, unsere Privatstunden, Bücher, Papier und Bleistifte und noch anderes bezahlen müssen, wie zum Beispiel für den Strom in Nii Norteys Zimmer, hätten wir sicher ein noch besseres Resultat erzielt. Teye und ich schliefen oft bei Nii Nortey. Freitags war ich meistens bei meiner Tante, und Samstag und Sonntag verbrachte ich bei meiner Mutter. An diesen Tagen konnte ich mich auf leckeres und reichliches Essen freuen. Leider setzte es nicht an.

Inzwischen hatten wir uns auch an ein anderes Leben gewöhnt. Wir kauften uns unsere eigenen Zeitungen und Bücher, neben Lehrbüchern und Sachbüchern auch Spannendes und Unterhaltendes, und wir begannen, unsere eigenen kleinen Bibliotheken aufzubauen. Auf unseren Runden mit dem Handwagen hatten wir immer eine Zeitung und ein Buch dabei. Zwischen den Aufträgen konnten wir lesen. Wenn wir unterwegs waren, plauderten wir miteinander, und die Arbeit ging leichter von der Hand.

Die Zulassungsprüfung zur Schule in Kinbu war weniger schwer als erwartet. Es hing wohl auch mit den speziellen Umständen zusammen, unter denen sich insbesondere Nii Nortey und Teye entschlossen hatten, ihr Glück zu versuchen. Mr. Von Dzan Hesse hatte getan, als ob unser Leben von der Prüfung abhinge. «Seht mal», hatte er gesagt, «in unserem Land ist der Unterschied zwischen einem Arzt und einem Krankenpfleger, einem Elektroingenieur und einem Elektriker von der Schulbildung abhängig. Wenn ihr jetzt aussteigt, habt ihr die Chance für eine gute Schulbildung vertan. Es geht um Leben und Tod! Ihr müßt es schaffen. Ihr dürft euch nie, aber auch gar nie umsonst abmühen!» Wir arbeiteten wie die Verrückten.

Wir waren erleichtert, als wir feststellten, daß sich nicht allzu viele um einen Studienplatz in Kinbu beworben hatten. Das hätte zu schwierigeren Zulassungsprüfungen führen können. Zwar hatte Tante Adoley wie üblich der Rektorin eingeschärft, daß wir gute, wenn auch etwas eigenwillige Schüler seien und daß wir die Schule ohne weiteres schaffen würden.

Wir gingen daher nach Kinbu und schrieben unsere Prüfungen. Drei Tage später würden die Noten feststehen, und wir sollten alle drei zur selben Zeit in der Schule vorsprechen. Mr. Von Dzan Hesse paukte drei Tage lang sechs Stunden am Tag mit uns. Wir ließen uns die Haare schneiden, wuschen uns besonders gründlich, schnitten und säuberten die Fingernägel und achteten darauf, daß unsere Schuhe, Shorts und Hemden makellos waren.

Die Rektorin war eine große, elegante und anziehende Frau, aber sie ließ wohl nicht mit sich spaßen. Wir waren überrascht, als wir zusammen ins Büro gebeten wurden. Sie flößte Respekt ein, und wir waren ein wenig eingeschüchtert; ich weiß nicht, ob sie es bemerkte. Sie musterte uns, aber ihr Gesicht ließ nicht erkennen, was sich dachte. Dann sagte sie: «Ihr wißt sicher, was wir hier tun; sonst hättet ihr euch nicht um Studienplätze beworben.»

«Ja, Madam», antworteten wir im Chor.
«Was denn?»
Teye antwortete wie am Schnürchen: «Die Schule bietet Unterricht in dreizehn verschiedenen Fächern an. Das vermittelte Wissen entspricht den ersten drei Jahren einer normalen Mittelschule. Außerdem bietet die Schule berufsbegleitende Kurse in vierzehn zusätzlichen Fächern an, zum Teil theoretischen, zum Teil praktischen Inhalts. Einige sind obligatorisch, Technisches Zeichnen zum Beispiel.» Ich dachte bei mir: «Danke, Mr. Von Dzan Hesse, daß du uns das eingetrichtert hast.»
Die Rektorin lächelte und sagte bloß: «Schön. Wer von euch ist Nii Nortey?»
«Das bin ich», stammelte Nii Nortey.
«Gut», sagte sie. «Du bist letztes Jahr fünfzehn geworden, und du wirst sechzehn im August.»
«Ja, Madam.»
«Glaubst du nicht, daß du für deine zwölf- und dreizehnjährigen Klassenkameraden zu alt bist?»
«Es macht mir nichts aus, Madam. Ich komme damit zurecht.»
«Wer hat euch mündliches Englisch beigebracht?»
«Wir lesen viel, Madam, und wir üben miteinander. Wir versuchen, kein Pidgin zu sprechen, auch wenn wir auf Pidgin angesprochen werden. Außerdem übt Mr. Von Dzan Hesse mit uns.»
«Ah, Mr. Von Dzan Hesse. Er ist streng, aber tüchtig. So, ihr drei, diese Schule befindet sich im Aufbau. Wir wollen keine Schulschwänzer, Lümmel oder Störenfriede. Alle sind für das Wohlergehen der Schule verantwortlich. Ist das klar?»
«Ja, Madam.»

«Gut. Wo wollt ihr außerhalb des Unterrichts mitmachen?»
«Ich könnte tropfende Wasserhähne reparieren», sagte Nii Nortey.
«Ich könnte kleinere elektrische Zwischenfälle beheben», sagte Teye.
«Ich könnte Möbel ausbessern, wenn der Schaden nicht allzu groß ist», sagte ich.
«Ihr macht Witze! Ich dachte an Fußball, Volleyball, Cricket, Hockey und so weiter. Aber ihr seid aufgenommen. Die Schule beginnt am 22. September um acht Uhr. Habt ihr verstanden?»
«Ja, Madam», sagte wir laut und gingen fröhlich hinaus.

32. Kapitel

«Ist eure Firma im Handelsregister eingetragen?» fragte Mr. Simpson. Er war groß, trug einen leicht ergrauten Bart und war etwa fünfzig Jahre alt. Er sprach langsam und leise. Man mußte gut zuhören, um zu verstehen, was er sagte.
«Nein», sagte ich.
«Aber auf eurer Bude stehen zwei Firmennamen: ‹Die drei Pioniere GmbH.› und ‹Die rollenden Räder GmbH.› – ‹Haushaltreparaturen und Kleintransporte›.»
«Mr. Simpson», sagte ich, «erstens gehört uns diese Bude nicht. Sie gehört der Food Distribution Company, aber sie wird nicht mehr benützt. Wir brauchen sie so lange, bis wir hinausgeworfen werden. Zweitens haben wir nie GmbH hingeschrieben. Jemand, der uns nicht mag oder der uns ärgern will, hat das hingeschrieben.»
«Vielleicht, vielleicht auch nicht», sagte Mr. Simpson. «Wie steht es mit den ‹Haushaltreparaturen und Kleintransporten›?»
«Mr. Simpson», sagte ich, «wir gehen seit drei Jahren in Kinbu auf die Berufsschule. In der Freizeit bieten wir an drei Nachmittagen in der Woche mit dem Handwagen unsere Dienste an. Am Sonntagmorgen übernehmen wir kleinere Klempner-, Elektriker- und Schreineraufträge von Leuten in der Umgebung. Besonders ältere Menschen wissen das zu schätzen. Wir bekommen ein

Taschengeld dafür, und wir versuchen, nicht von unseren Eltern abhängig zu sein. Außerdem macht es Spaß.»
«Na gut, und wie steht's mit dem Verkauf von Schemeln und Körben am Samstagmorgen?»
«Damit tun wir Schreiner Ataa Boye einen Gefallen. Wir bekommen zehn Prozent. Man kann nicht sagen, daß hundert Cedis auf einen Erlös von tausend Cedis viel Geld ist, nicht wahr? Und das verdienen wir auch nur an guten Tagen. Was kann man mit hundert Cedis schon kaufen? Nicht ein einziges Lehrbuch, Mr. Simpson.»
«Wer ist Schreiner Ataa Boye?»
«Ein Beamter im Ruhestand, der so wenig Pension erhält, daß er sich mit Schreinerarbeiten über Wasser halten muß.»
«Das mag sein, wie es will. Die Behörden jedenfalls stellen fest, daß ihr Geschäfte macht, große Bankkonten habt und keine Steuern bezahlt. Nicht einmal eure Firmen sind eingetragen. Wie ich schon sagte: ich heiße Simpson, Shamo Silas Simpson, und ich bin vom Gewerbeamt.»
«Wer hat Ihnen von uns erzählt?»
«Ein junger Bursche. Er sagte, er heiße Emmanuel. Er kam vorgestern zu uns und erzählte, daß ihr Geschäfte macht, daß eure Firma nicht eingetragen ist und daß ihr euch auch nicht bei der Stadtverwaltung von Accra angemeldet habt. Außerdem bezahlt ihr keine Miete. Ich soll euch ausfindig machen und Bericht erstatten. Also, wie heißt ihr und wie alt seid ihr?»
«Ich heiße Obodai Sai. Ich bin fünfzehn Jahre alt.
«Mein Name ist Teye Narh, ich bin siebzehn.»
«Ich heiße Nii Nortey Ashong, ich bin neunzehn.»
«In welche Schule geht ihr?»

«In die Berufsschule von Kinbu», sagte ich, und er notierte alles in sein Notizbuch. Dann sah er auf und sagte: «Seid vorsichtig. Ich rate euch, die Firmennamen wegzuwischen. Ihr habt keine Gewerbebewilligung. Ich nehme zwar an, daß ihr das, was ihr in der Schule lernt, in die Praxis umsetzt. Dann liegt ihr weder euren Eltern noch der Regierung auf der Tasche, wenn ihr von der Schule abgeht. Ich finde das gut. Aber paßt auf, daß ihr nicht mit dem Gesetz in Konflikt kommt. Und nehmt euch übrigens auch vor jenen in acht, die es nicht gut mit euch meinen. Ich will nicht wieder herkommen müssen, habt ihr verstanden? Also, dann viel Glück!»
«Mr. Simpson, war der Junge etwa gleich groß und gleich alt wie ich?» fragte ich.
«Ja.»
«Hat er seinen Nachnamen genannt?»
«Vermutlich schon.»
«Wie hieß er denn?» fragte Nii Nortey neugierig.
Mr. Simpson öffnete sein Notizbuch und sagte: «Adom, Emmanuel Adom.»
«Wenn er mit Nachnamen Adom hieß, dann könnte Barnor sein zweiter Vorname sein», sagte ich und überlegte mir, was es mit den beiden Vornamen auf sich hatte.
«Ich weiß es nicht. Jedenfalls wünsche ich euch viel Glück», sagte Mr. Simpson freundlich.
«Danke, Mr. Simpson», sagte ich.
«Ja, vielen Dank, Mr. Simpson», sagte Nii Nortey, und Teye fügte zum Spaß mit einer kleinen Verbeugung hinzu: «Gott segne Sie, Mr. Simpson!»

Wir waren beunruhigt, aber wir konnten nicht sicher sein, daß Barnor dahintersteckte. Barnor, Noi und Solo

Obli waren etwa gleich alt wie wir. Sie hatten uns ausgelacht, als sie von unseren Plänen mit der Berufsschule erfuhren. Sie selbst waren in der dritten Klasse der Realschule von Osu. Dort wurden keine berufskundlichen Fächer unterrichtet. Ihren Freundinnen erzählten sie, daß wir gelernte Arbeiter werden wollten. Wir hörten davon, aber wir fanden, daß es ihre Angelegenheit war, welche Schule sie besuchten und wie sie über uns dachten. Es kümmerte uns nicht. Wir waren mit unserer Wahl zufrieden, und wir blickten zuversichtlich in die Zunkunft.

Ich muß zwar sagen, daß die Schularbeiten alles überstiegen, was wir bislang erlebt hatten. Es war so viel, daß wir die Transporte und die sonstigen Aufträge einschränken mußten. Weil wir in der Schule kleinere Reparaturarbeiten übernommen hatten, ergab es sich, daß Schreiner Ataa Boye, Ataa Okantey und Ataa Okai für Freizeitkurse im Schreinern, Klempnern und in Elektrotechnik angestellt wurden. Auf diese Weise sparte die Schule Geld, das für Geräte, Bücher und anderes mehr eingesetzt werden konnte.

Wir blieben unter uns. Wir waren so beschäftigt, daß wir kaum dazu kamen, über andere zu reden. Barnor, Noi und Solo Obli dagegen hänselten uns und machten sich über uns lustig, wo sie nur konnten. Sie gingen jeweils zusammen mit ihren Freundinnen, die eine andere Schule besuchten, nach Hause. Sie warteten, bis wir aus der Schule kamen. Dann begannen sie, eine neue Version des Spottliedes zu singen, mit dem mich Barnor damals verhöhnt hatte:

Obodai da
Obodai dort

Obodai überall und nirgendwo
Fünf Cedis da
zehn Cedis dort
beides zusammen aufs Sparkonto
Dann schnell nach Hause da oder dort
lernen und pauken in einem fort!

Wir hatten ihren Spott mehr als zwei Jahre über uns ergehen lassen. Wir hatten nichts dagegen unternommen, auch deshalb nicht, weil uns Mr. Von Dzan Hesse davor gewarnt hatte, einen Streit anzufangen. Er meinte, daß niemand an Haß und Feindschaft im Leben vorbeikäme. Aber diesmal fanden wir, daß Barnor zu weit gegangen war. Wir beschlossen, dem ganzen ein Ende zu setzen.
Es war an einem Freitag nachmittag. Sie lauerten uns auf. Sobald sie uns sahen, räusperten sie sich und begannen zu johlen. Dann sangen und tanzten sie, und die Mädchen lachten, kicherten und klatschten im Takt in die Hände. Als wir näher kamen, sagte ich: «Barnor, komm mal her!»
«Warum sollte ich? Du hast mir nichts zu befehlen, Obodai.»
«Barnor, du bist ein prima Sänger und Tänzer, aber ein feiger Kerl, wenn's ums Kämpfen geht. Ich sage dir, komm her!»
«Beschimpf mich nur. Ich gehe nirgendwo hin.»
«Doch, du wirst zu Obodai hingehen, damit er dich befragen kann», sagte Teye. «Wenn du dich weigerst, komme ich zu dir hinüber. Du willst ja wohl nicht noch mal eine blutige Nase, oder?»
«Barnor, du bist größer als dieser kleine Junge mit den Streichholzbeinen, oder etwa nicht?» fragte Barnors

Freundin. Als er nicht antwortete, fuhr sie fort: «Hat dir der andere wirklich die Nase blutig geschlagen?»
«Nein, nein. Das hat er nicht», sagte Barnor und wich ihren Blicken aus.
«Ja dann, worauf wartest du? Wenn er seinen Spaß mit dir treiben will, schlag doch zu, Barnor, schlag doch zu, worauf wartest du?» sagte das Mädchen.
«Also gut», sagte Barnor, «laß mich hingehen und sehen, was ich tun kann.» Er zögerte.
«Warum bleibst du stehen?» fragte das Mädchen. Barnor trat vom einen Bein aufs andere.
«Barnor, wenn du hingehen willst, dann geh! Wenn du hierbleiben willst, dann bleib! Was machst du denn?» schrie seine Freundin.
«Laß mich, ich gehe», sagte Barnor leise und blickte zu Boden.
«Du bist dran, Noi», sagte ich, «komm her, auch wenn es hundert Jahre dauert, bis Barnor herkommt!»
«Ich denke nicht daran. Ihr lächerlichen Handwerker habt mir nichts zu befehlen. Arbeiter wissen wenigstens, was sie zu tun haben. Die gehen nicht zur Schule, schon gar nicht in eine so bescheuerte Schule. Ihr wißt nichts! Nichts!»
«Gut, dann bleibst du eben, wo du bist. Ihr glaubt, daß wir drei keinen Grips haben. Ihr glaubt, daß wir nicht wissen, was wir tun. Ihr glaubt, daß wir uns treiben lassen. Ihr denkt, ihr seid die Größten. Ihr denkt, daß alle euch fabelhaft finden, nicht wahr? Solo Obli, komm mal her zu mir!» rief ich.
«Es fällt mir nicht im Traum ein! Ich lasse mich doch nicht von Laufburschen, Schmieden, Schlossern und Tischlern herumkommandieren», antwortete Solo Obli. Dann, wie auf Kommando, stürzten wir auf die drei los.

Wir hatten vorher alles bis ins kleinste Detail geplant. In einem ersten Schritt nahm sich jeder seinen Gegner vor. Wir packten sie am rechten Arm, bogen ihn auf den Rücken und drückten ihn soweit es ging hinauf. Damit sie nicht nach vorne ausweichen konnten, versperrten wir ihnen mit dem linken Fuß den Weg. Gleichzeitig kniffen wir sie mit der linken Hand in die Ohren. Sie waren so überrascht, daß sie nur hilflos brüllen konnten. Auch die Mädchen waren völlig überrumpelt und schauten wortlos zu. Vom Osu Markt her kamen Leute und stellten sich in einem Kreis um uns herum. Uns war klar, daß wir jetzt rasch handeln mußten, ehe sich jemand einmischte und uns zu trennen versuchte. Nii Nortey rief: «Zwei!» und wir warfen unsere Gegner zu Boden, setzten uns auf ihre Brustkasten und verdrehten ihnen die Nasen. Barnor, dem ich ordentlich zusetzte, begann aus der Nase zu bluten. Es strömte nur so!

33. Kapitel

Ich hatte meiner Mutter nichts von der Prügelei erzählt. Wir wollten den Streit unter uns ausmachen. Weder Eltern noch Lehrer sollten sich einmischen. Zum Glück gelang es, Barnors Nasenbluten zu stoppen. Aber er petzte wohl bei seiner Mutter, denn Madam Torshii kam jammernd und schreiend zu meiner Mutter gelaufen. Ich hätte versucht ihren Sohn zu töten, sagte sie. Meine Mutter hörte Torshii unwillig zu. Ich selbst war zutiefst verlegen. Ich sah, wie meine Mutter aus der Fassung geriet.
«Torshii», sagte sie ruhig, «ich habe selbst Schwierigkeiten. Mehr als genug. Warum läßt du mich nicht in Ruhe?»
«Ich lasse nicht eher locker, als du und die deinen mich in Ruhe lassen, Adorkor!»
«Was meinst du? Was habe ich mit dir zu schaffen? Deine Schulden sind eine Sache für sich. Sonst ist nichts zwischen uns, worüber wir uns den Kopf zerbrechen müßten, oder? Bist du verrückt geworden?»
«Adorkor, ich will dir etwas sagen, was ich dir schon lange sagen wollte.»
«Da bin ich aber gespannt, nach all dem, was ich für dich getan habe!»
«Du bist eifersüchtig, Adorkor!»
«Eifersüchtig? Auf dich? Geht's dir nicht gut, Torshii?»

Meine Mutter sah aus, als hielte sie Torshii für übergeschnappt.
«Wenn du nicht eifersüchtig wärst, hättest du deinen Sohn nicht auf meinen Sohn gehetzt. Schon zweimal ist Blut geflossen!»
«Ich weiß nicht, wovon du redest, Torshii.»
«Doch, Adorkor, du weißt es! Warum erinnerst du sie nicht daran, Obodai. Sag ihr, wie es war!»
«Tante Torshii», sagte ich freundlich, aber bestimmt, «es gibt nichts, woran ich meine Mutter erinnern müßte.»
«Da hast du's!» schrie sie. «Er will mich und meinen Sohn umbringen, nur weil du so eifersüchtig auf mich bist, Adorkor!»
«Ich habe dich schon einmal gefragt, Torshii, und ich wiederhole es: Warum sollte ich eifersüchtig sein? Was in aller Welt ist so wichtig, daß ich auf dich eifersüchtig sein sollte, Torshii?»
«Jede Menge.»
«Was, zum Beispiel?»
«Daß wir denselben Mann haben!»
«Du bist verrückt. Welchen Mann?»
«Sai.»
«Welcher Sai?»
«Obodais Vater.»
«Ich verstehe dich nicht.»
«Er ist Barnor's Vater.»
«Unsinn. Du bist krank, du mußt zum Arzt. Wie könnte Sai Barnor zum Sohn haben?»
«Ich bin sicher, daß es dir aufgefallen ist. Du weißt es schon lange. Barnor ist Sai wie aus dem Gesicht geschnitten. Du weißt es, nicht war? Es macht dich wahnsinnig, deshalb hast du Obodai gesagt, daß er Barnor umbringen soll. Sein eigenes Fleisch und Blut. Zweimal

hat er es versucht. Sein eigenes Blut. Alle Welt weiß es. Niemand spricht offen darüber, aber alle flüstern es hinter vorgehaltener Hand. Ich sag's dir laut und deutlich, bevor er seinen Halbbruder umbringt: Barnor ist Sai's Sohn, Adorkor!»
«Großer Gott! Geh weg! Verschwinde! Laß mich in Ruhe! Ich mache dir keine Vorwürfe. Aber verschwinde!» schrie meine Mutter und verbarg das Gesicht in den Händen. Ich war sprachlos. Mein Kopf war leer. Mir war, als hätte ich einen bösen Traum. «Verrückt! Völlig verrückt!» murmelte ich, ohne daß ich es merkte.
«Verrückt oder nicht verrückt, Obodai», rief Torshii, «aber ich warne dich, laß Barnor in Ruhe. Es reicht!»
Als Madam Torshii gegangen war, ließ sich meine Mutter in einen Sessel fallen und blieb lange Zeit sitzen, ohne sich zu bewegen. Mir war nicht nach reden zumute. Ich nahm ein Buch und versuchte zu lesen. Etwa um halb acht Uhr stolperte mein Vater herein. Er war bereits betrunken. «Adorkor, ich will einen doppelten Gin. Ich komme gerade von Ataa Kpakpos Beerdigung. Er war ein erstklassiger Fischer. Sein Tod ist ein großer Verlust, ein großer Verlust fürs Geschäft. Es ist jammerschade. Adorkor, hörst du mir überhaupt zu? Ich rede mit dir! Einen doppelten, bitte!»
«Du bist schon betrunken, was soll es also?»
«Geht's ums Geld? Ich bezahle dafür. Du brauchst mich nicht zu beleidigen!»
«Warum bezahlst du ausgerechnet heute, du Geizkragen?»
«Das geht dich nichts an. Ich bezahle dafür. Mach schon!»
«Zuerst das Geld!»
«Hier. Wird's bald?» Mein Vater gab ihr einen Fünfhun-

derter-Schein an Stelle eines Fünfzigers und sagte: «Den Rest kannst du behalten, Schätzchen!»
Sie schenkte meinem Vater ein, und er leerte das Glas in einem Zug.
«Sai», sagte sie, «du wirst dich noch umbringen, wenn du so weitermachst. Du bist nicht mehr der Jüngste. Hast du übrigens was von Torshii gehört in letzter Zeit?»
«Natürlich. Sie hat mir alles erzählt. Hör mal, Obodai, du hast etwas im Kopf, aber nichts in den Beinen. Immer stellst du etwas an. Ich habe gehört, daß du Barnor fertigmachen willst. Stimmt das?»
«Warum sollte er Barnor fertigmachen wollen?»
«Der Junge ist mir wichtig.»
«Welcher Junge?»
«Barnor, meine ich.»
«Was hat Barnor mit dir zu tun?»
«Er ist ein Mensch.»
«Er ist ein Mensch wie wir anderen auch. Obodai ist auch ein Mensch, und um ihn kümmerst du dich nicht.»
«Erzähl keinen Unsinn, Adorkor.»
«Erzähl du mir keine Lügen, Sai.»
«Wer lügt hier?»
«Du, Sai!»
«Was fällt dir ein!»
«Was fällt dir ein! Du hast dich mit Torshii eingelassen, und das schon vor langer, langer Zeit. Und jetzt kommst du her und tust, als ob du von nichts wüßtest. Du bist ein gemeiner Betrüger!»
«Barnor ist mein Sohn – ja und? Obodai gleicht dir bis ins kleinste, Barnor gleicht mir. Ich werde für eine Namensänderung aufkommen und ihm meinen Namen

geben. Obodai, geh zu deiner Tante, heute abend muß ich mit deiner Mutter Klartext reden.»
Ich ging zu meiner Tante, wie mir mein Vater befohlen hatte. Ich war außer mir vor Verzweiflung. Ich befürchtete auch, daß er meiner Mutter etwas antun könnte, wenn er handgreiflich würde.

An diesem Abend im Mai brach ohne die geringste Vorwarnung ein Unwetter los. Ich war gerade beim Haus meiner Tante angelangt. Der Wind blies stürmisch, und Regenströme ergossen sich über Accra, so daß die Stadt in wenigen Minuten überschwemmt war. In Dzorwulu stürzten Wände ein, und die Häuser in Alajo, Kpeehe, Kokomlemle und Abossey Oaki standen unter Wasser. Tiere und Gegenstände wurden von den Fluten mitgerissen. Mehrere Menschen ertranken. Unglücklich, aber völlig erschöpft schlief ich ein.

Am nächsten Morgen ging ich gleich zu meiner Mutter hinüber. Sie war nicht da. Während ich überlegte, wo sie sein könnte, kam Tante Adoley und bat mich, mit ihr zu kommen. Sie hatte ihren Arm um meine Schulter gelegt und drückte mich sanft an sich. Sie sprach kein Wort.

34. Kapitel

Mein Vater wäre vielleicht nicht gestorben, wenn ich ihm nicht gehorcht hätte und bei meiner Mutter geblieben wäre. Vielleicht war ich auch deshalb widerspruchslos gegangen, weil mich der Gedanke, daß Barnor mein Halbbruder war, zutiefst erschüttert hatte. Mein Vater hatte offenbar bei meiner Mutter übernachten wollen, aber sie hatte ihn hinausgeworfen. Statt in irgendeinem der dicht beieinander liegenden Häuser Schutz zu suchen, hatte er seinen üblichen Nachhauseweg eingeschlagen. Er führte unter den hohen Kokospalmen hinter dem Schloß von Osu vorbei und dem Kanal entlang. Im überschwemmten Gelände war der Kanal vermutlich nicht auszumachen gewesen. Dann hatte er wohl einen falschen Schritt getan, war mitgerissen worden und hilflos auf den Ozean zugedriftet.

Wir waren traurig und aufgewühlt. Wir grübelten lange über das Unglück nach, besonders meine Mutter. Ich glaube, daß sie sich nie wirklich davon erholte. Die Leiche wurde erst nach drei Tagen an Land gespült. Sie wurde auf dem Labadi Pleasure Beach gefunden. Die Fluten hatten ihn tatsächlich bis ins Meer hinausgetragen.

Die Todesursache und der Zustand der Leiche erlaubten es nicht, meinen Vater wie sonst üblich aufzubahren. Sein Körper wurde in einen besonderen Schrein gebet-

tet, dessen Kanten versiegelt wurden, und schließlich wurde der Schrein in den Sarg gelegt. Möglicherweise hatte mein Vater den Schrein und den Sarg heimlich und lange vor seinem Tod anfertigen lassen. Auf jeden Fall hatte beides ein Vermögen gekostet. Der Sarg war außergewöhnlich groß. Er war aus gelagertem, poliertem Odumholz und sah irgendwie abschreckend aus. Dem Beruf meines Vaters entsprechend hatte er nämlich die Form eines riesigen, dunklen Fischs.
Die Totenwache entsprach sowohl christlichem wie traditionellem Brauch. Ich kann mich erinnern, wie sich ältere Verwandte und Bekannte über die Trauerfeier berieten und besprachen, wie mein Vater im Friedhof von Osu zu Grabe getragen werden sollte. Jemand sagte: «Einen Leichenwagen zu mieten kostet heutzutage viel Geld. Sein Sohn und seine Freunde besitzen einen Handwagen. Warum überziehen wir den Wagen nicht einfach mit teurem *kente*, schieben ihn feierlich zur Kirche und dann auf den Friedhof? Wenn wir im Friedhof angelangt sind, können wir das Tuch abnehmen, zusammenfalten und nach Hause nehmen. Es könnte in der Familie bleiben und von kommenden Generationen für Begräbnisse benützt werden. Der Verstorbene hat bestimmt ein solches Tuch besessen. Es wird uns nichts kosten, und es wird trotzdem eindrucksvoll aussehen. Bisher hat sich niemand getraut, eine neue Tradition zu begründen...»
«Also hör mal, wie alt bist du eigentlich?» unterbrach ihn ein alter verschrumpelter Mann mit einem kahlgeschorenen glänzenden Kopf, in dem man sich hätte spiegeln können. «Ich denke, du gehörst zur Fangmannschaft des Verstorbenen?»
«Ja, das stimmt.»

«Und du wagst es, einen solchen Vorschlag zu machen?»
«Was ist damit?»
«Was damit ist? Er ist eine Beleidigung für den Toten, er entehrt sein Andenken, seine Familie und seine Angehörigen. Sogar die Geister seiner Vorfahren hast du gekränkt. Wenn du nicht in endlose Schwierigkeiten geraten willst, Ablorh, dann bring uns eine große Flasche Akpeteshie und fünfhundert Cedis, damit du mit den Betroffenen Frieden schließen kannst. Übrigens kommt es gar nicht in Frage, daß der Verstorbene kirchlich bestattet wird. Sai hat zwar pflichtschuldigst Kirchensteuern bezahlt, aber er ging nie zur Kirche.»
Nach langem Hin und Her wurden die fünfhundert Cedis auf zweihundert herabgesetzt, die Flasche Akpeteshie gebracht und sogleich bis auf den Grund geleert. Der alte Mann, der alles in die Wege geleitet hatte, räusperte sich und schmatzte genüßlich mit den Lippen.
Als sich der Zeitpunkt des Begräbnisses näherte, wurde mir klar, daß der alte Mann keinen Witz gemacht hatte. Vier starke Fischer waren dazu ausersehen, den Sarg zu tragen, acht weitere sollten sie auf ihrem langsamen Gang zum Friedhof ablösen. Der Sarg wurde in beinahe jedes Haus von Verwandten und Bekannten auf dem Weg zum Friedhof hineingetragen. Die großen Trommeln dröhnten dumpf. Musketen wurden abgefeuert und Doppelflinten krachten.
Mutter, Tante Adoley und ich blieben zusammen mit Nii Nortey und Teye zu Hause. Die beiden waren die ganze Zeit über bei mir gewesen. Einige jüngere und ältere Frauen tanzten *Adowa,* während wir auf die Rückkehr der Trauergäste vom Friedhof warteten. Danach sollte die Trauerfeier bis spät in die Nacht weitergehen. Wenn ich mich recht erinnere, war es etwa fünf Uhr, als

plötzlich jemand «Feuer! Feuer! Feuer!» rief. Ein Mädchen rannte keuchend auf Tante Adoley zu und sagte, während sie Atem zu holen versuchte: «Die Bude ist bis auf den Grund niedergebrannt!»
«Welche Bude?»
«Obodais Bude.»
«Meinst du ‹Die drei Pioniere›?»
«Ja!»
«Das war der Geist deines Vaters. Er ist böse. Er starb einen unnatürlichen Tod. Es wird noch schlimmer werden», sagte eine der Klagefrauen.
«Geister stecken keine Buden in Brand», sagte meine Mutter ruhig. «Obodai, Nii Nortey und Teye, wir gehen hin und sehen nach, was passiert ist. Adoley, du bleibst hier und wartest auf die Trauergäste. Wir bleiben nicht lange weg. Kommt, Kinder.»
Wir gingen. Die Bude war bis auf den Grund niedergebrannt. Nii Nortey, Teye und ich starrten wortlos. Alle unsere Werkzeuge waren verbrannt oder aus den Aschehaufen ausgegraben und von den Umstehenden, die uns neugierig betrachteten, gestohlen worden. Die gleichen Leute, die uns zu trösten versucht hatten, bestahlen uns. Als die Feuerwehr kam, war außer der Glut nichts mehr zu löschen. Keiner von uns dreien weinte, aber vor uns schien nur noch Dunkelheit zu liegen.
«Gebt mir eure Hand», sagte meine Mutter plötzlich und nahm rasch und liebevoll unsere Hände in die ihren, «ihr werdet euch eine neue Bude bauen. Fangt gleich damit an. Ich helfe euch. Fragt Schreiner Ataa Boye, was ihr dazu braucht und wie ihr vorgehen müßt. Über die Kosten sprechen wir später. Die Bude muß wieder hin, wo sie war, und sie soll wunderschön werden. Jetzt gehen wir nach Hause. Kommt, Kinder.»

35. Kapitel

Soweit ich mich erinnere, hatten diese plötzlichen traurigen Ereignisse keinen unmittelbaren Einfluß auf unsere schulischen Leistungen. Aber eine Zeitlang fiel uns das Lachen schwer. Jetzt, da wir im dritten Jahr waren, stand die Aufnahmeprüfung für die Technische Schule in Takoradi bevor. Wir hatten uns geschworen, dort unsere Studien fortzusetzen. Danach hätten wir Zugang zur Technischen Universität in Kumasi oder zu jeder anderen guten Technischen Hochschule.
Ich war fest davon überzeugt, daß ich es eines Tages schaffen würde, Anorhor zu einem der schönsten Stadtgebiete von Accra umzubauen. Mr. Von Dzan Hesse verbrachte viele Stunden mit uns. Er half uns noch immer bei allen unseren Schulproblemen. Nach wie vor übernahmen wir Aufträge für Kleintransporte und Haushaltreparaturen.
Das Baumaterial für die Bude kauften wir in größeren Partien und transportierten es auf unserem Handwagen. Der Bau dauerte genau eine Woche. Die Bude war etwa 2,4 m breit, 1,8 m tief und rund 2 m hoch. Die Seitenwände ruhten auf zwölf Zementblöcken. Das Dach deckten wir mit Eternitplatten. Als die Bude fertig war, strichen wir sie gelb, in der Farbe der Food Distribution Company. Von dieser Seite hatte uns bislang niemand unangenehme Fragen gestellt, und wir

waren froh, daß unsere Einkünfte wieder etwas sicherer waren.
Es war halb fünf an einem Freitagnachmittag. Den Freitagnachmittag mochte ich besonders, weil dann das Wochenende bevorstand. Ich war von der Schule direkt zur Bude gegangen, um zusammen mit Nii Nortey und Teye letzte Hand anzulegen. Danach wollte ich nach Hause. Seit mein Vater gestorben war, verbrachte ich das ganze Wochenende mit meiner Mutter, damit sie sich nicht allein fühlte. Ich war guter Dinge und sagte ihr gleich, als ich sie sah: «Mama, die Bude ist fertig!»
«Tatsächlich, Obodai?» meinte meine Mutter lächelnd. Es war schön zu sehen, wie sie sich freute.
«Ja, Mama», sagte ich, «morgen kannst du sie dir ansehen. Wir gehen hin, wenn Nii Nortey, Teye und vielleicht auch Schreiner Ataa Boye da sind. Jetzt habe ich Hunger. Gibt's was zu essen?»
«Ja, aber laß uns zuerst die Bude anschauen gehen!»
«O Mama. Ich habe einen Riesenhunger», widersprach ich und fügte hinzu, «schlimmer als ein Bär!»
«Dann würdest du sowieso nicht satt werden. Laß uns hingehen!»
Als wir gingen, hielt sie meine rechte Hand fest in ihrer linken. Sie sah zu Boden, als wäre sie tief in Gedanken versunken. Sie war dünner geworden, und ihre Haut wirkte heller. Aber ihr Gesicht war wie immer: sie hatte runde Wangen, große dunkle Augen und volle Lippen, die aussahen, als würden sie sich nie öffnen. Aber wenn sie sich öffneten, sah man die regelmäßigen Zahnreihen. Die obere wies in der Mitte eine kleine attraktive Lücke auf.
«Obodai», sagte sie, «wann machst du die Prüfung für die Schule in Takoradi?»

«In zwei Monaten.»
«Du mußt hart arbeiten. Geh kein Risiko ein, denk einfach an dein Ziel.»
«Ja, Mama.»
«Nimm dir auch weiterhin Zeit fürs Lesen, dein Leben lang. Ich habe zuwenig gelesen, du mußt es wettmachen. Das wird dein größter Rückhalt sein.»
Wir gingen eine Weile schweigend nebeneinander her.
«Wer, glaubst du, hat die Bude in Brand gesteckt?»
«Vielleicht waren es Grundstücksbesitzer, die ihr Land zurückhaben wollten, weil ihnen niemand Miete bezahlt.»
«Ich hoffe nur, daß niemand zu Schaden kommt, wenn ihr es herausfindet, Obodai. Wieviel hat die Bude bis jetzt gekostet?»
«Wenn wir unsere Arbeit nicht einrechnen, haben wir etwa fünftausend Cedis ausgegeben.»
«Von mir habt ihr zwölftausend bekommen. Wieviel gebt ihr Schreiner Ataa Boye?»
«Viertausend.»
«Viertausend? Das ist nicht schlecht. Ihr müßt ihm das Geld aber so bald als möglich geben. Sag's deinen Freunden. Ihr seid jetzt fast wie Brüder. Sag ihnen, daß du Schreiner Ataa Boyes Auslagen bis zum letzten Cedi bezahlst. Ja?»
«Ja, Mama.»
Wir waren an der großen Kreuzung bei der Tankstelle angelangt und wollten die stark befahrene Labadi-Straße überqueren. Meine Mutter redete immer noch. Sie drehte den Kopf und wartete auf eine Verkehrslücke, um die Straße zu überqueren. Ich hörte noch, wie sie sagte, «Tante Adoley weiß, wo ich die Schlüssel aufbewahre. Sie weiß es schon lange, es wird keine...» Dann lief sie auf die Straße.

Ein brandneues, schnelles Auto hatte eben angesetzt, einen alten, langsamen Bus zu überholen. In einer Sekunde war alles vorbei. Ich machte die Augen zu. Mir war, als ob ich träumte. Aber es war Wirklichkeit. Ich sah alles noch lange Zeit danach, auch wenn ich meine Augen weit, weit offen hatte.

Nach dem Tod meiner Mutter kamen Madam Torshii, Barnor, Noi und Solo Obli, um mir ihr Beileid auszudrücken. Sie boten mir an, bei den Begräbnisvorbereitungen zu helfen. Das hätte ich nicht gedacht. Aber ich stand noch so stark unter dem Eindruck des Unglücks, daß ich nichts entgegnen konnte. Tante Adoley, Nii Nortey und Teye wollten sie wegschicken, aber Schreiner Ataa Boye und Mr. Ashong, Nii Norteys Vater meinten, daß der Tod kein Zeitpunkt für Streitereien sei.
Auch Carlos Quist nahm an der Trauerfeier teil. Er ging ja gerne an Beerdigungen, und in unserer Gegend fanden sie nur zu häufig statt. Ich saß zwischen Nii Nortey und Teye; Madam Torshii, Barnor, Noi und Solo Obli saßen auf der nächsten Bank. Carlos stellte sich neben Nii Nortey und begann plötzlich zu singen: «In der Bibel steht geschrieben Gott ist die Liebe…»
Noi sagte zu ihm: «Halte den Mund, Carlos, du störst.»
Carlos achtete nicht auf ihn und sagte: «Obodai, gib mir Geld.»
Bevor ich ihm irgend etwas entgegnen konnte, sagte Teye: «Carlos, verstehst du nicht, daß du Obodai jetzt nicht belästigen kannst?»
Aber Carlos gab keine Ruhe. Er sagte: «Obodai, gib mir Geld, sonst sag ich's dir nicht.»
Barnor schaltete sich ein: «Carlos, verschwinde. Eins,

zwei, drei, vier! Verschwinde oder wir scheren dir morgen den Kopf kahl!»
Das hätte Carlos normalerweise gleich in die Flucht geschlagen. Er haßte es, sich die Haare schneiden zu lassen. Aber aus irgend einem Grund konnte ihn heute nichts abschrecken, und er wiederholte mehrmals: «Obodai, gib mir Geld, dann sag ich's dir. Gib mir Geld und ich sag's dir, Obodai. Obodai, gib mir Geld!»
Entnervt griff Nii Nortey in die Tasche und gab ihm zwanzig Cedis.
Da sagte Carlos: «Obodai, ich habe ‹Ayitey Katsa liebt die Schülerin Adzoa› geschrieben. Barnor hat es mir aufgetragen. Ich habe auch eure Bude in Brand gesteckt. Barnor hat gesagt, daß ich's tun soll. Er sagte, Jesus würde mich noch mehr lieben, wenn ich's täte, und Mohammed auch. Er gab mir diese Schachtel Streichhölzer, es sind noch welche drin. Ich habe nicht alle gebraucht. Jetzt gehören sie mir. Dann hat er mir einen Kanister Benzin gegeben, damit es schneller brennt, und dreißig Cedis…»
«Du bist ja völlig verrückt! Hau ab oder ich rasiere dir den Kopf jetzt gleich!» schrie ihn Solo Obli an, und Carlos rannte davon.
In diesem Augenblick setzte die mächtige Orgel ein, und wir begannen das nächste Lied zu singen. Ich kann mich deutlich an die erste Zeile erinnern, sie lautete: «Wir sind versammelt im Angesicht des Herrn…»

Wir machten uns nicht die Mühe, darüber nachzudenken, was uns Carlos während der Trauerfeier erzählt hatte. Wir gingen weiter zur Schule, übernahmen Aufträge für Kleintransporte und Haushaltreparaturen und arbeiteten für die Aufnahmeprüfung an der Technischen

Schule in Takoradi. Als wir Schreiner Ataa Boye die viertausend Cedis geben wollten, lehnte er dankend ab. Das tat uns ehrlich leid. Aber wir konnten ihn nicht umstimmen. «Arbeitet, dann werdet ihr es schaffen!» ermahnte er uns bloß.

Etwas muß ich noch erzählen. Es geschah ungefähr drei Monate nach dem Begräbnis meiner Mutter. Wir hatten den letzten Auftrag des Tages erledigt und befanden uns auf dem Rückweg. Es war etwa drei Uhr. Wir schoben den Handwagen die Amantra-Straße entlang in Richtung Ashante-Straße. Als wir links in die Ashante-Straße – das ist eine Einbahnstraße – einbogen, sahen wir die vier Kerle von Kwasiadwoaso mit ihren Handwagen. Sie fuhren in vollem Tempo von der Christiansborg-Kreuzung hinunter auf uns zu. Sie saßen auf ihren Wagen und fuhren dicht hintereinander her.

«Das sind die Kwasiadwoaso-Kerle! Schnell, schnell! Wir versperren ihnen den Weg!» sagte ich zu Nii Nortey und Teye.

Nii Nortey, kluger Junge, handelte geistesgegenwärtig und schnitt ihnen mit unserem Wagen rasch den Weg ab. Siehe da! Kiiruum! Kiiruum! Bang! Tschang! Bleem! Ba-a-ng!! Arme fuhren hoch und Hände griffen in die Luft, Beine wirbelten durcheinander, Füße versuchten Halt zu finden. Maissäcke platzten und Reis wurde über die Straße verstreut. Autohupen ertönten, Aufregung machte sich breit und wütende Stimmen beschwerten sich über die plötzliche Straßensperre.

«Gebt die Straße frei! Dies hier ist eine Einbahnstraße!» rief jemand. Noch ehe die vier Kerle wußten, wie ihnen geschah, waren wir die Einbahnstraße hinuntergefahren, wie sie es getan hatten, und waren verschwunden. Wir machten uns auf dem schnellsten Weg nach Hause, um für den Rest des Tags nichts mehr zu tun.

Die Zeit schritt voran, und der Tag, auf den wir gespannt gewartet hatten, kam. Was er uns bringen würde, konnten wir nicht wissen. Es war der zweitletzte Tag an der Schule in Kinbu. Die Rektorin ließ uns in ihr Büro rufen. Wir dachten, es handle sich um eine Reparatur bei ihr zu Hause.
Wir traten ein. Wortlos überreichte sie jedem von uns einen Brief. Damit hatten wir nicht gerechnet. Die Briefe waren von der Technischen Schule in Takoradi. Wir lasen ganz, ganz langsam, zweifelten, ob wir alles richtig verstanden hatten und ob es das war, worauf wir gewartet hatten. Wir hatten die Aufnahmeprüfung bestanden. In vier Wochen sollten wir uns für ein Gespräch einfinden.
«Das Schicksal meint es gut mit mir», dachte ich.
«Ich gratuliere euch, meine Jungen, und ich wünsche euch viel Glück!» sagte die Rektorin.

Nachwort

Vor vielen Jahren war mein Vater Hauptlehrer an einer Schule in einer kleinen Stadt in Ghana, die Basler Missionare gegründet hatten. Sie waren praktische Menschen, arbeiteten hart und peinlich genau. Sie waren berühmt dafür, daß sie schöne Handschriften lehrten und handwerkliche Fachkenntnisse vermittelten. Außerdem sorgten sie dafür, daß wir unsere eigene Sprache gründlich beherrschten. Mein Vater war ihr Schüler und führte diese Linie weiter.
In der Zeit, als er unterrichtete, ging an der Schule vieles drunter und drüber. Schuld daran war der Erste Weltkrieg, der zur Folge hatte, daß die deutschsprachigen Schweizer Missionare mein Land verlassen mußten. Sie wurden unter Britischer Herrschaft durch Missionare der schottischen presbyterianischen Kirche ersetzt.

Als ich zur Schule kam, wurde fast nur noch in Englisch unterrichtet, selten in meiner eigenen Sprache. Auch hatten wir in allen zehn Grundschuljahren keinen Werkunterricht mehr. In den höheren Schuljahren beschäftigten wir uns vor allem mit britischen und amerikanischen Klassikern der Weltliteratur in vereinfachten englischen Ausgaben. Während meiner gesamten Schulzeit las ich außerdem Literatur aus allen europäischen Ländern in englischer Sprache.

Allmählich wurde mir bewußt, daß unter diesen wunderbaren literarischen Werken nie Bücher von ghanaischen Autoren waren. Darüber mußte ich oft nachdenken, und ich fragte mich, warum das so sein mochte. Eine Frage stellte sich mir immer wieder: Wenn Menschen Bücher über das Leben in ihren Ländern schreiben, warum sollte nicht auch ich, ein Ghanaer, dies tun können, selbst wenn es in Englisch wäre?

Immer schon waren und sind weitaus die meisten Bücher, die die Menschen aus Ghana lesen und studieren, von Ausländern verfaßt worden. Aber ich finde, daß es nur recht und billig wäre, wenn sie mit gleicher Begeisterung und Ernsthaftigkeit literarische Werke von eigenen Landsleuten über und von sich lesen könnten. Wäre es nicht auch für jene, die nicht aus Afrika sind, ein Gewinn, Einblick in diese Kultur zu nehmen und zu erfahren, wie diese ihnen fremden Menschen sich selber und die Menschheit überhaupt sehen?

Sollten nicht alle Menschen auf der Welt über alle anderen durch deren Augen und Ohren sehen und hören, lesen und lernen können? Ich glaube, daß gute Literatur, wo immer sie herkommt, die Qualität jeder Gesellschaft und Kultur verbessert.

Bis ich dreißig Jahre alt war, verlief mein Leben ruhig, angenehm und unauffällig. Doch dann folgte eine unsichere, schwierige und unberechenbare Zeit, die mir aber im ganzen gesehen sehr viel gebracht hat. Damals begann ich, Stoff für einige meiner Bücher zu sammeln. Eines davon ist "Obodai Sai".

1985 wurde in Ghana eine Schulreform durchgeführt,

die neue Lehrmittel erforderte. Neben Schulbüchern für alle Stufen fehlten vor allem gute Jugendbücher. Besonders für Jugendliche zwischen zwölf und fünfzehn Jahren gab es kaum Lesestoff, der ihre eigene Kultur widerspiegelte und auch noch spannend zu lesen war. So entschied ich mich, für sie ein Buch zu schreiben: "Obodai Sai".

Die Geschichte von Obodai Sai erzählt, wie einige junge Burschen versuchen, ihr Leben in den Griff zu bekommen. Viele Leute sagen, daß früher in Afrika jeder sich des anderen angenommen und sich um ihn gekümmert habe. Heute, heißt es, würden die Menschen wegen der Einflüsse des modernen Lebens, wegen der Verstädterung und wegen vieler Bürgerkriege nicht mehr füreinander Sorge tragen. In "Obodai Sai" möchte ich zeigen, daß die Rücksicht auf den Mitmenschen weder mit der Vergangenheit noch mit der Gegenwart Afrikas, noch mit Technologie, Urbanisierung oder schlimmen Kriegen zu tun hat, sondern mit der Warmherzigkeit von Männern und Frauen überall. Wenn dieses Gefühl nicht künstlich unterdrückt wird, zeigt es sich in wunderbaren Hilfeleistungen, Freundlichkeiten und in der Liebe. Dies wollte ich in der Beziehung der Älteren zu den Jungen, im Bezugsnetz der Familienmitglieder, aber auch in der Gemeinschaft untereinander verdeutlichen.
"Obodai Sai" handelt auch davon, wie Schwierigkeiten mit gutem Willen überwunden werden können. In meinem eigenen Leben habe ich viel unter Unsicherheit und Ängstlichkeit gelitten. Ich habe früh gelernt, daß das Leben aus einem langen Kampf und aus nichts anderem als ständiger harter Arbeit besteht. Ob ich

selber mein Schicksal gut gemeistert habe oder nicht, spielt keine Rolle. Ich bin jedenfalls glücklich, daß Obodai Sai und seine Freunde ihren Teil dazu beigetragen haben.

Amu Djoleto
Im Februar 1994